Karin Steinhöfel und Petra Möller

In Memoriam

Karin Steinhöfel (Bilder)
& Petra Möller (Texte)

IN MEMORIAM

Kartendeck für Trauernde

IRIS

Bücher haben feste Preise.
1. Auflage 2013

Karin Steinhöfel (Bilder) und Petra Möller (Texte)
In Memoriam

Titelseite:
Bild: Karin Steinhöfel
Gestaltung: Dragon Design, GB

Satz und Gestaltung:
Dragon Design, GB
Gesetzt aus der Minion

Gesamtherstellung: Midas Printing, Hongkong
Printed in China

ISBN 978-3-89060-629-3

IRIS ist ein Imprint bei Neue Erde.

Neue Erde GmbH · Cecilienstr. 29
66111 Saarbrücken · Deutschland · Planet Erde
www.neue-erde.de

INHALT

Willkommen

Wir begrüßen dich herzlich und freuen uns, daß du dich auf die Reise durch dieses Buch und durch deine Gefühlswelten einläßt.

Daher möchten wir dir einen geschützten Rahmen bieten, in dem du dich verstanden und aufgehoben fühlst, denn wir wissen um deine momentane Empfindsamkeit. Also baten wir die »Kleine Trauerfrau«, dich zu begleiten. Sie ist es, die alle Landschaften und Orte der Trauer kennt und bereit ist, sie mit dir zu bereisen. Achtsam wie eine fürsorgliche Freundin wird sie dich in ihre Arme nehmen, deine Gefühle respektieren und deine Tränen in Perlen verwandeln.

Wir wünschen dir nun eine gute Reise!

Die kleine Trauerfrau stellt sich vor

Hallo, du liebes trauriges Menschenkind,

ich bin die kleine Trauerfrau. Vielleicht wunderst du dich, daß ich so klein, so weich, so unscheinbar bin?

Groß, hart und unbarmherzig werde ich nur dann, wenn du mich nicht sehen willst, wenn du vor mir flüchtest, mich verdrängst und ignorierst. Selbst das tue ich aus purer Liebe zu dir. Ich überrolle dich mit meiner ganzen Kraft, nur damit du mich endlich wahrnimmst.

Sobald du bereit bist, mich anzusehen, werde ich mich wieder in die kleine Trauerfrau zurückverwandeln, die deine Hand nimmt und voller Achtung zu dir aufblickt. Weil du so mutig bist, weil du endlich heil werden möchtest. Heilung ist möglich, auch wenn das Geschehene nun für immer ein Teil deines weiteren Lebens bleiben wird.

Ich lade dich ein, für eine Weile bei mir zu wohnen, dich von mir umsorgen zu lassen. Die Tür zu meinem Haus steht Tag und Nacht offen, und ich werde auf dich warten. Du bekommst von mir alles, was du brauchst. Gemeinsam können wir, in weiche Decken gehüllt, an meinem warmen Kachelofen sitzen, denn mir ist bewußt, wie oft die Kälte dich jetzt in deinem Innersten erschaudern läßt.

Bei mir duftet es nach frischem Tee, und von draußen dringt leise der Gesang der Vögel herein. Sie singen das Lied vom »Lebendigsein«. Ich weiß, wie schmerzhaft dies jetzt für dich klingen mag. Doch ich bin da, und wenn es dir zuviel wird, dann schließen wir Tür und Fensterläden, um beim Schein einer Kerze still oder sprechend zusammenzusein. Ich höre dir zu, wenn du reden möchtest, ohne das Gesagte zu beurteilen. Deinen Schmerz werde ich weder mildern noch wegzaubern, denn er ist es, der dich Stück für Stück heilt und ins Leben zurückträgt. Er darf sein! In stillen Stunden nehme ich dich in den Arm, damit deine Tränen ungehindert fließen dürfen – wie ein Strom, der ins offene Meer mündet. Weil ich um ihre Heilkraft weiß, werde ich nicht versuchen, sie zu trocknen.

Zusammen reisen wir durch die Zeit, sehen uns noch einmal all das genau an, was du mit diesem Menschen erlebt hast, der dir nun so sehr fehlt.

In deiner Erinnerung und in deinem Herzen erhalten wir auf diese Weise seine einzigartige Lebendigkeit.

Wahrscheinlich wirst du oft wütend sein, dann weinen und auch wieder lachen. So lange, bis das unendlich groß scheinende Leid sich ganz langsam in eine süße Traurigkeit verwandelt und damit in eine tiefe Dankbarkeit für die schönen gemeinsamen Momente, für das, was dieser Mensch an Spuren in dir hinterlassen hat. Und in ganz ferner Zeit hüllt die Dankbarkeit auch den Tod mit ein, weil du erkennst, wie wundervoll er auch dich verwandelt hat, weil er in eine Tiefgründigkeit führte, die du anders nie hättest erreichen können.

Eines Tages werde ich nicht mehr so oft wie sonst an deiner Seite sein. Und dennoch bleibe ich immer für dich erreichbar, denn Trauer verläuft niemals linear. Es kann sein, daß ich genau dann plötzlich vor dir stehe, wenn du von Herzen lachst, wenn dein Leben wieder scheinbar normal verläuft.

Schick mich nicht weg, ich bringe dir jedesmal ein Geschenk mit. Berührbarkeit, weil heute der Geburtstag oder der Todestag deines geliebten Menschen ist. Ein Lied im Radio, welches dir lachende Tränen entlockt. Erinnerungen, wenn du jemanden siehst, der deinem verstorbenen Menschen ähnlich sieht. Tränenströme, weil du beim Aufräumen einen persönlichen Gegenstand, ein Bild oder einen Brief findest.

Ich schenke dir Trost in Ritualen, die nur für dich bestimmt sind.

Jede Art von Traurigkeit hat einen tiefen Sinn, der sich dir eines Tages offenbaren wird. Dann verliert sie den Schrecken, dann ist die Dunkelheit nicht mehr furchteinflößend, sondern vermittelt dir Schutz und Geborgenheit, so wie damals, als du, der winzig kleine Embryo, in der warmen, dunklen Gebärmutter heranreiftest für dein so einzigartiges Erdenleben.

Mein liebes trauriges Menschenkind, so gerne möchte ich nun für dich Freundin und Begleiterin sein. Wie eine Mutter, die dich bedingungslos liebt – genau so wie du in jedem Moment bist. Ich reise mit dir durch alle Gefühlswelten, ohne dich zu verlieren. Und dennoch klammere ich mich nicht an dir fest. Sobald du gehen möchtest oder eine Pause brauchst, lasse ich dich frei; um dann mit offenen Armen und der gleichen Liebe wie heute für dich da zu sein, wenn du mich eines Tages wieder brauchst. Die Tür zu meinem Haus steht immer offen, du kannst eintreten, ohne zu klopfen. Wie immer werde ich am wärmenden Kachelofen sitzen und eine Decke für dich bereithalten. Es duftet nach Tee, und draußen singen die Vögel das Lied vom »Lebendigsein«.

Ich bin da, vollkommen präsent, ich bin ganz und gar bei dir!

Deine Freundin, die kleine Trauerfrau

Rituale

Trauer ist keine Krankheit, sondern ein Lebensabschnitt, den alle Menschen früher oder später einmal durchwandern müssen. Dennoch ist jeder Trauerfall natürlich individuell. Und es ist ein Unterschied, ob die 90-jährige Oma nach einem erfüllten Leben starb oder aber ein kleines Kind.

Doch hier geht es um keinerlei Wertung, sondern um Hilfestellungen, die dir diese schwere Zeit wenigstens für Momente erleichtern können. Aus eigener Erfahrung wissen wir um die Kraft der Rituale. Ein Ritual kann in stürmischen Zeiten das Gefühl von Sicherheit schaffen, weil es etwas Wiederkehrendes ist, etwas Verläßliches.

Sich diesen Raum, diese Sicherheit zu geben, ist nicht schwer und bedarf keiner großartigen Hilfsmittel. Es können ganz einfache Dinge sein. Zum Beispiel jeden Abend zur gleichen Zeit eine Kerze anzuzünden für den verstorbenen Menschen und ihm liebevolle Gedanken oder ein kleines Gebet zu schicken. Rituale müssen nicht unbedingt religiös sein, wichtig ist nur, daß du sie regelmäßig und aus vollem Herzen vollführst. Unser Kartenset könnte so ein Ritual für dich werden, wenn du es möchtest; ein Begleiter durch deine schwere Zeit, der deine Gefühle versteht und ausdrückt; zusammengetragen von uns, zwei Frauen, die tiefe Trauer selbst erlebt haben. Die genau wie du jetzt durch den Schmerz gingen, die Angst, Wut, Hoffnungslosigkeit und ohnmächtige Trauer fühlten. Jede auf ihre Weise und aus ihrer Geschichte heraus. In diesen Bildern und Texten haben wir das ausgedrückt, was wir uns damals, in unserer eigenen Trauerzeit, selbst gewünscht hätten. Jetzt möchten wir es weitergeben, damit du dich verstanden fühlst und Mut bekommst, deine einzigartige Trauergeschichte bewußt zu leben.

Dabei können Rituale helfen, und wir wünschen dir von Herzen, daß du beschützt und geliebt durch diese Zeit gehen kannst.

Tips zum Umgang mit diesem Karten-Set

Die Karten und Texte sind zwar in einer gewissen Reihenfolge geordnet, aber wir wissen aus unserer Erfahrung, daß Trauer niemals linear verläuft. Die Gefühle verlaufen kreuz und quer, sie lassen sich nicht bändigen. Das alles unterliegt zwar einer gewissen Ordnung, die wir aber mit dem Verstand nicht nachvollziehen können. Nur unser Herz versteht den Sinn dahinter und führt dich intuitiv zu der richtigen Karte im richtigen Moment. Wundere dich deshalb bitte nicht, wenn du an einem Tag vielleicht die Karte »Neugeburt« oder »Leben« ziehst und am nächsten Tag »Schmerz« oder »Wut«. Manche Karten werden sich womöglich auch häufiger wiederholen. Achte einmal darauf, wie sich dann deine Gefühle zu dieser Karte verändern. Dadurch lernst du dich und deine innere Welt immer besser kennen und achten. Doch nun einige Möglichkeiten zur Anwendung dieses Sets.

Die Tageskarte

Ziehe jeden Morgen intuitiv eine Karte, lasse dann das Bild auf dich wirken und lies im Anschluß das Gedicht und den Text der kleinen Trauerfrau in diesem Buch.

Du kannst die Karte auch den ganzen Tag bei dir tragen oder sie an einem für dich schönen und gut sichtbaren Platz aufstellen.

Die Karte als Notfall-Helfer

Wenn du dich besonders hilflos und verzweifelt fühlst, dann ziehe eine Karte.

Suche dir einen ruhigen, ungestörten Platz, lege die Karte auf dein Herz und laß die Energie des Bildes mit geschlossenen Augen für zehn Minuten oder länger wirken. So kannst du dir Linderung verschaffen.

Nacht-Ritual

Ziehe vor dem Einschlafen eine Karte, stelle sie auf deinen Nachttisch und bitte deine geistigen Helfer (z. B. Schutzengel) dir für die Situation, die auf der Karte beschrieben ist, Beistand oder Erkenntnisse zu senden; vielleicht auch über einen Traum.

Eine Karte als Glücksbringer oder Mutmacher

Wenn dir eine Karte besonders gefällt, dann nimm sie mit zu schwierigen Terminen oder führe sie bei Herausforderungen, die dir vielleicht Angst machen, bei dir.

Sie schenkt dir Kraft.

Natürlich sind das nur einige Beispiele zur Anwendung, und du kannst die Karten und Texte so für dich nutzen, wie es dir am besten gefällt. Deiner Kreativität sind in diesem Punkt keine Grenzen gesetzt.

Die Karten

1 · Warum

Ein Wort, bleischwer im Herzen schlägt,
wenn deine Seele Trauer trägt.
Im heißen Kopf es hämmert, es pulsiert,
während sonst alles in dir friert.

Warum? Wie mächtig ist dies Wort.
Warum bin ich noch hier und du bist dort?
Warum kann es nicht anders sein?
Ich fühl mich nur noch schwach und klein.

Warum darf ich den Sinn nicht sehen?
Warum kann keiner mich verstehen?
Mein Herz zerrissen, blutig wund,
vielleicht wird's niemals mehr gesund.

Dann irgendwann nach langer Zeit,
siehst du im Spiegel nicht mehr Leid.
Nur weise Reife, bunt vernarbt und schön,
die Augen leuchten voll Versteh'n.

Stehst stolz, so gerade, nicht mehr schwach und krumm.
Still lächelst du und sagst: *Darum!*

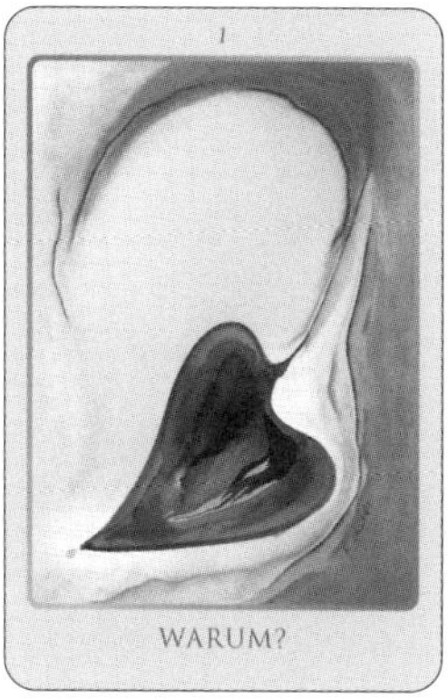

Die kleine Trauerfrau spricht:
Die Frage nach dem *Warum* ist sehr schmerzhaft, wenn ein geliebter Mensch geht. Du wirst sie dir immer wieder stellen in dieser, dich jetzt so aufwühlenden Zeit. Jedoch die Antwort darauf findest du mit großer Wahrscheinlichkeit erst viel später. Dann, wenn der Schmerz nicht mehr so groß ist. Wenn du mit Abstand auf all das blicken kannst. Wenn du dich selbst wieder spüren und die vielen Veränderungen sehen kannst, die in dir stattgefunden haben. Dann erkennst du, inwiefern es eine Zeit der Reife und der Neugeburt für dich war.

Eine Entwicklung, die nur du genauso beschritten hast.

Die Antwort auf die Frage nach dem *Warum* ist eine Frage der Zeit!

Dein Zaubersatz:
»Ich habe Geduld!«

2 · Kampf

Nein!
In dir schreit alles »Nein!«
Niemals kannst du es akzeptier'n,
daß man das Liebste dir genommen.
So hart ist dieses *Nein*,
so voller Krieg und Leid.
Und eine sanfte Stimme spricht,
sag »Ja«, laß los und laß dich ein.
Du spürst die Liebe, die den Schmerz
zwar weicher macht, doch schonungslos
reißt er dich in die Tiefe,
zerrissen bist auch du.
Hin und her, her und hin,
so schüttelt dich der Kampf,
ein Teil in dir will Krieg, will schreien,
will alles nur verneinen.
Der andere Teil weint sanft,
er möchte akzeptieren,
was nicht zu ändern ist.
Die Angst, dich darin zu verlieren,
macht dich fast wahnsinnig.
Doch führt der Weg genau da hin,
in dieses unbekannte *Ja*.
Komm, laß dich fallen,
laß dich ein,
nimm an, was dir geschah.
So bahnt die Heilung sich den Weg,
den allerersten Schritt.
Mit deinem *Ja* nimmt sie das *Nein*
ein Stück des Weges mit.

Die kleine Trauerfrau spricht:
Wie ist es, wenn du morgens aufwachst, noch liebevoll zugedeckt vom Vergessen der Nacht? Ein kurzes Gefühl, daß alles gut ist, um dann mit deinem Tagesbewußtsein gnadenlos in die Realität zurückzukehren? Ich fühle deine Zerrissenheit mit dir. Ich fühle, wie oft dein Tag eine einzige Qual ist. Wie du versuchst zu akzeptieren, was geschehen ist, während dieser unglaubliche Schmerz dich zurück ins Nein spült, zurück in den Kampf. Er kostet dich so viel Energie. Glaube mir, wenn du dich fallen läßt in den Schmerz, jedes Mal ein kleines Stückchen mehr, dann lernst du es, dich einzulassen. Und so kann die Annahme sich ganz langsam aber stetig den Weg in dein Leben bahnen. Und in jedem Augenblick dieses Einlassens darfst du wieder ein wenig entspannen und Kraft schöpfen.

Dein Zaubersatz:
»Ich sehe, was ist!«

3 · Tränen

In endlosen Tränen die Angst sich ergießt,
weil's Leben langsam aus dir fließt.
»Wie lange noch?« schreist du vor Schmerz,
im Wunsch, daß stille schweigt dein Herz.
In dieser ach so großen Not,
wie gerne wärst auch du jetzt tot.

Bist du noch da? An welchem Ort?
Die Tränen spülen alles fort.
Sie machen müde dich, zerrissen,
sie nehmen fort dir jedes Wissen.
Doch unentdeckt die Hoffnung wächst,
während im Meer du dich versteckst.

Denn auf den tiefsten Meeresgrund,
sinkt jede Träne, Stund um Stund.
Verwandelt sich in Zeit und Raum,
zur Perle wie in einem Traum.
Dank diesem Schatz darfst du es endlich sehen:
Dein Schmerz ist nicht umsonst geschehen.

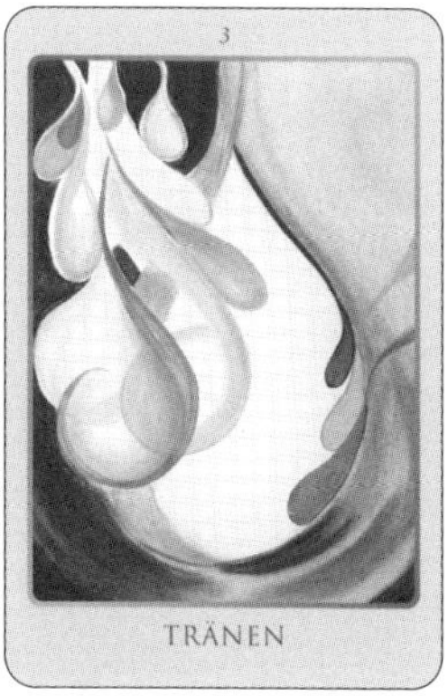

Die kleine Trauerfrau spricht:
Ich freue mich so sehr über deine Tränen.

In diesem Moment kannst du es selbst noch nicht erahnen, welche Heilkraft sie besitzen. Du möchtest sie schnellstmöglich trocknen, und vielleicht versuchen dies auch die Menschen in deinem Umfeld, weil es ihnen unangenehm ist, durch deine Tränen ihren eigenen Schmerz fühlen zu müssen. Schämst du dich für deine Tränen und wenn ja, warum? Ich sage dir, daß deine Tränen Heilung bedeuten, daß sie den Schmerz tragen und fortspülen wie in einem reißenden Strom, der ins Meer mündet: ins Meer der Erkenntnis. Erlaube dir, aus Trauer und auch aus deiner Berührung heraus zu weinen und, wenn es dir gut tut, auch laut dabei zu schreien. Höre nicht auf andere, die ablenken und verdrängen wollen. Suche dir Orte und Menschen, die deine Tränen aushalten.

Weinen ist gesund, es reinigt, es macht müde und läßt dich in einen erholsamen tiefen Schlaf fallen.

Dein Zaubersatz:
»Ich darf weinen!«

4 · Rückzug

Stör mich nicht mit vielen Worten,
laß mir meinen Schmerz und geh.
Will eingebettet, traurig bleiben,
reiß mich nicht raus, das tut mir weh!

Ich lieb dich sehr, doch jetzt und hier,
will ich alleine für mich sein,
mit meinen Tränen, meiner Angst,
im Raum der Trauer, still und rein.

Ich weiß wie hilflos du jetzt bist,
doch glaube mir, das bin auch ich.
Muß für mich sorgen, trauern, schrei'n,
scheint's dir auch noch so fürchterlich.

Wenn viele Tränen sind geflossen,
dann komm ich von allein zurück,
kann mit dir weinen, wieder lachen
und der Verlust heilt Stück für Stück.

Nun bitte ich von Herzen dich:
Laß mich in Liebe los für eine Weile,
daß ich auf *meine* Weise heile!

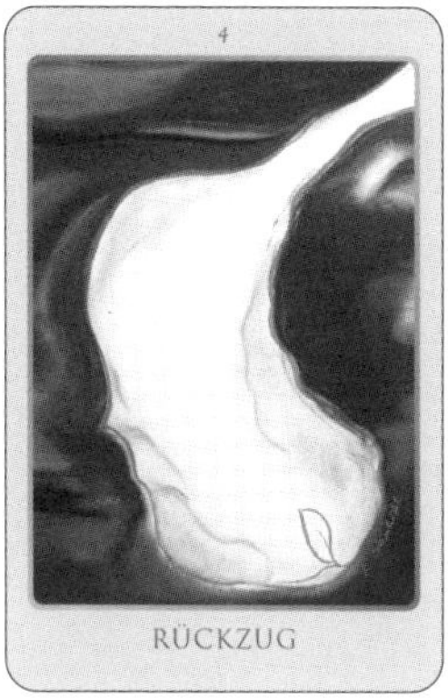

Die kleine Trauerfrau spricht:
Wärst du manchmal gerne eine Zeitlang nur für dich? Sind dann deine Lieben, die sich jetzt um dich kümmern, beunruhigt? Bestimmt haben sie Angst, dich alleine zu lassen. Vielleicht versuchen sie auch, dich aus ihrer eigenen Hilflosigkeit heraus zu Unternehmungen zu überreden oder mit anderen Dingen abzulenken.

Wenn es dein tiefer Wunsch ist, alleine zu sein, dann erfülle ihn dir. Es ist jetzt so wichtig, daß du immer wieder neu in dich hineinhörst, was dir gut tut. Versuche, deiner Familie und Freunden die Wahrheit über deine Gefühle und Wünsche zu sagen, ohne sie zu verletzen. Erkläre ihnen aus deiner Sicht, wie wichtig die Zeit des Alleinseins für dich ist. Nimm ihnen eventuell auch die Angst, daß du dir etwas antun könntest.

Und wenn du befürchtest, nicht die richtigen Worte zu finden, dann schreibe einfach das Gedicht zu dieser Karte ab und schenke es deinen Lieben. Ich bin sicher, sie werden dich verstehen!

Dein Zaubersatz:
»Ich höre auf mich.«

5 · Sinnlosigkeit

Träge schleppt sich der Tag dahin,
blutleer, gedankenlos ...
vollkommen sinnlos.
Nichts ist mehr da, kein Gefühl,
außer dieser Sinnlosigkeit.
Sie lähmt, sie macht stumpf
und es gibt nichts in ihr zu tun.
Sie macht sinnlos auch die Zeit
und du hast das Gefühl,
daß es nie aufhören wird,
so zu sein, so sinnlos.
Nie mehr Freude, nie mehr Schmerz,
nie mehr irgendein Gefühl
außer dieser Sinnlosigkeit.
Macht Sinnlosigkeit Sinn?
Vielleicht ... denn sie führt ins Nichts.
In diesem Nichts kann Neues wachsen.
Sinnlosigkeit ernüchtert gnadenlos,
so verbrennt sie alles Alte,
emotionslos, frei von Gedanken.
Sinnlosigkeit ist getarnte Regeneration.
Laß sie zu, dann läßt sie dich wieder gehen,
in eine neue Kraft mit neuem Sinn.

Die kleine Trauerfrau spricht:
Bist du gerade an einem Punkt angelangt, an dem es scheint, als sei dein ganzes Leben komplett zusammengebrochen? Lauter völlig zerstörte Trümmer eines alten, schönen Lebens lassen einen Neuaufbau sinnlos erscheinen, denn du weißt, daß nichts mehr so werden kann wie damals. Diese Sinnlosigkeit gibt dir das Gefühl, nicht mehr in der Zeit zu sein. Sie nimmt den ganzen Raum ein und erscheint unabänderlich.

Ein Neuanfang kommt dir nicht nur sinnlos, sondern auch viel zu schwer, zu anstrengend vor. Ich bitte dich darum, still zu sein in dieser Zeit. Quäle dich nicht mit unnötigen Aktivitäten. Das Gefühl der Sinnlosigkeit ist eine Heilreaktion, eine Regeneration deiner bisher so aufgewühlten Emotionen.

Wenn du wieder genug Kräfte gesammelt hast, dann verschwindet auch die Sinnlosigkeit und läßt dich mit vielen gut dosierten Hoffnungsfünkchen nach vorne schauen.

Dein Zaubersatz:
»Ich bin da.«

6 · Schutz

Nirgendwo ist mehr Heimat
außer in mir, in diesem Kokon aus Stille.
Nebel umhüllt die erdige Klarheit,
nicht um sie zu verschleiern,
sondern zu schützen vor der Illusion.
Ich bleibe tief versunken
im Nebel der Stille,
bewegungslos verbunden mit der Erde.
Ihr Herbst wärmt mich.
In dem Laub der Vergänglichkeit
bin ich Eins mit ihr.
Weich gebettete Traurigkeit,
inneres Sehen
läßt alles rundherum sterben.
Kein Außen mehr, nur ein stilles Ich
im schützenden Nebel,
vertieft in ein Meer aus Herbst.
Ein Licht singt aus der Seele
das Lied der Dunkelheit.

Die kleine Trauerfrau spricht:
Es ist in Ordnung, daß du jetzt so dünnhäutig bist. Überfordere dich nicht, verlange nicht zu viel »Normal-Sein« von dir. Nichts ist in Zeiten der Trauer normal. Überlege genau, wem oder was du dich im Außen aussetzt. Ich weiß, wie anstrengend Besuche sind, Ausflüge, das Lachen, die Normalität. Es tut dir weh! Ziehe dich, wann immer du es für richtig hältst, zurück. Vielleicht magst du in deiner Wohnung oder einem bestimmten Zimmer eine Art Schutzhöhle einrichten, in der du ungestört sein kannst und wo niemand außer dir Zutritt hat; wo du viel Zeit mit Ritualen, ungestörtem Weinen, Erinnerungen und anderen dir wichtigen Dingen verbringen kannst. Schutz bedeutet aber auch, daß du das Recht hast, dir im Außen Masken aufzusetzen, die deinen inneren Raum heiligen und schützen. (Aber vergiß bitte nicht, sie später wieder abzulegen.) Du zeigst deine Verletzlichkeit in deinem für dich erträglichen Maß.

Dein Zaubersatz:
»Ich bin sicher.«

7 · Verlorenheit

Still saß die Prinzessin und weinte,
beweinte ihre eigene Verlorenheit,
die sich für Augenblicke zeigte.
Sie weinte,
weil sie leer geworden war,
zur Verlorenheit selbst.

Ein Gefäß, geleert bis zum Grund,
die Wände aus durchsichtigem Glas.
Ihre eigenen Tränen weinte sie dort hinein.
Ohne Hoffnung, es je füllen zu können.
Unsichtbare Hände halten das Gläserne,
bis in alle Ewigkeit.
In dieser unendlichen Verlorenheit,
beweinte sie ihre ohnmächtig gewordene Liebe.

So gebar sich ihr wahres Wesen,
von niemandem erkannt,
Ahnung nur in weichen Schwingen.
Zart schwebend über der Welt,
durchdrungen von allem,
frei zu sein,
inmitten der Verlorenheit.

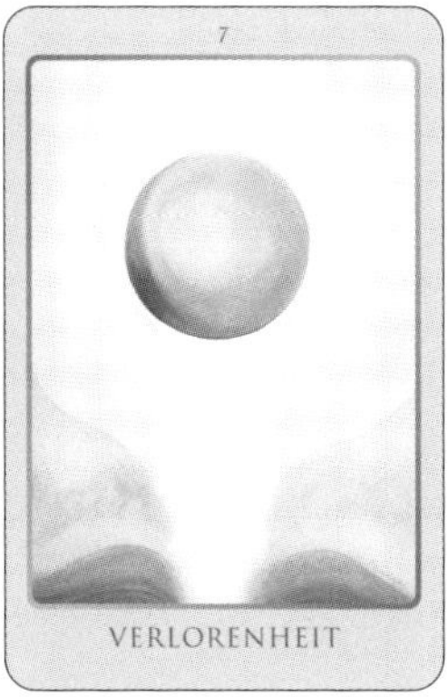

Die kleine Trauerfrau spricht:
Fühlst du dich manchmal, als ob du vollkommen alleine durch das Weltall schwebst? Keine Wurzeln mehr, keinen Boden unter den Füßen? Dieses Gefühl von »Verlorensein« ist sehr intensiv, es fühlt sich auch anders an als Einsamkeit. Jeglicher Halt ist fort, du schwebst verloren durch eine dir so fremd gewordene Welt. Doch auch dieser Zustand hat einen tieferen Sinn. Ganz unbemerkt und mit zeitlichem Abstand verwandelt er sich in die Fähigkeit, über den Dingen zu stehen. Und damit meine ich keine Überheblichkeit, sondern deine neue Art, das Geschehene aus einer Perspektive mit mehr Weite zu sehen; so als säßest du in einem Flugzeug, betrachtetest die Welt als Ganzes und mit mehr Abstand. Nun kannst du auch Zusammenhänge besser erkennen und verstehen.

Die Verlorenheit ist eine Übung, um wieder fliegen zu lernen.

Dein Zaubersatz:
»Ich bin frei.«

8 · Wut

Wut in mir,
lodernd, rot, voller Kraft.
Zuerst war da Angst, alte Angst.
Alte Stimmen, die mir sagten,
daß es falsch ist, wütend zu sein,
erst recht auf einen Toten.
Aber ich bin wütend,
Wut ist überall in mir.
Ich hasse dich für deinen Tod,
ich hasse dich, weil du mich verlassen hast.
Und ich hasse dich besonders deshalb,
weil ich dich so unendlich liebe!
Jetzt bist du weg, und mir bleibt nur noch diese Wut.
Sie ist das einzig Lebendige in mir,
in genau diesem Moment.
Ich lasse sie brüllen, die Wut,
damit die alten Stimmen untergeh'n.
Ich will nicht mehr auf sie hören,
ich will nur noch auf mich hören.
Und *ich will* wütend sein, jetzt.
Damit ich mein Blut rauschen,
mein Herz schlagen höre.
Damit ich das Leben spüre.
Wut tut gut!

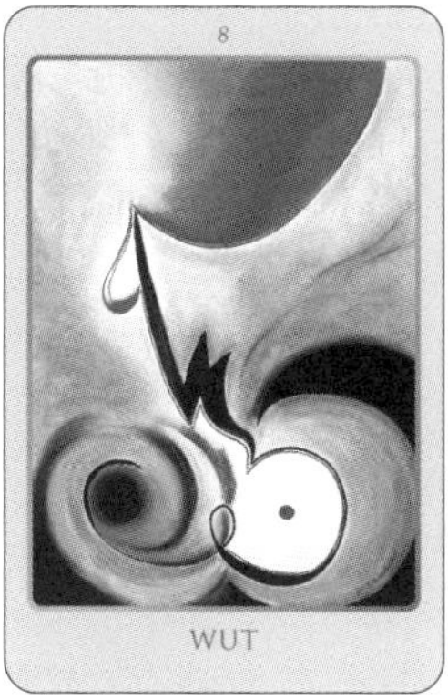

Die kleine Trauerfrau spricht:
Versteckst du deine Wut? Schämst du dich dafür? Glaube mir, nichts macht kranker als unterdrückte Wut. Denn sie ist berechtigt und möchte ausgedrückt werden, so wie jedes andere Gefühl auch. Verdrängst du die Wut, dann bleibt sie dir erhalten und zeigt sich ausbruchartig in den unmöglichsten Situationen. Oder sie tarnt sich, überlagert sich mit Angst und erwächst eines Tages zu einem Magengeschwür oder anderen körperlichen Krankheiten.

Vielleicht möchtest du dein Umfeld nicht mit deiner Wut belasten und hast Angst, deine Lieben zu überfordern oder zu erschrecken. Dann suche dir Hilfe. Finde einen Trauerbegleiter, eine Therapeutin oder eine Selbsthilfegruppe. Professionelle Helfer kennen diese Form von Wut und können damit umgehen. Dort kannst du alles herauslassen und bekommst Unterstützung.

Dein Zaubersatz:
»**Meine Wut darf sein.**«

9 · Akzeptanz

Ja, ich nehme an.
Ich akzeptiere deinen Tod,
dein Nicht-mehr-hier-Sein,
dein Dort-Sein.
Ich akzeptiere dich in dieser neuen,
für mich noch unerreichbaren Form.
Ich habe aufgehört zu kämpfen,
weil dieser Kampf gegen Unabänderliches
mich fast zerstörte.
Ich nehme an, was noch da ist:
mich und mein Leben.
In dieser Akzeptanz fühle ich mich wieder.
Ganz neu und unbekannt,
fast ein wenig fremd.
Weicher, liebender, wissender
und tiefer als je zuvor,
hat dein Tod mich geformt.
Die Annahme gibt mir Frieden.
Ja, ich akzeptiere,
deinen Tod und mein Leben,
den Kreislauf der Natur, das Ewige.
Ich akzeptiere den ständigen Wandel,
die Formen und das Formlose.
In meiner Liebe zu dir ist Annahme möglich.

Die kleine Trauerfrau spricht:
Mit deiner Akzeptanz dessen, was geschehen ist, hast du nun einen großen Schritt gemacht. Du kämpfst nicht mehr gegen Windmühlen an, gegen etwas, was unabänderlich ist. Dies bedeutet nicht das Ende der Trauer, aber du wirst nun fließender sein in deiner Traurigkeit, deinem Schmerz, in deinen Tränen. Der Stau des »Nicht-akzeptieren-Wollens« ist gelöst, und so können aufsteigende Gefühle wieder frei fließen, letztendlich abfließen. Dadurch löst sich auch die Verwirrung, und du kannst klarer sehen, wo du stehst und wo der Mensch steht, den du verloren hast: jeder auf seiner Ebene. Wenn du magst, dann gehe oft in die Natur, beobachte den Rhythmus, die Ordnung, die allem innewohnt. Beobachte die Jahreszeiten. Werden und Vergehen … nirgendwo kannst du es besser erkennen und annehmen als draußen in der freien Natur.

Dein Zaubersatz:
»Ich akzeptiere das Unabänderliche.«

10 · Schuld

Die Sonne scheint, du atmest tief
den Frühling ein,
seit langem wieder froh.
Da löscht die schwarze Wolke »Schuld«
den hellen Glanz aus, einfach so.
Der Mensch, den du gerad' sehr betrauerst,
der kann die Sonne nie mehr sehen,
nicht mehr den Frühling riechen,
nein, er kann,
in dunkler Erde nur vergehen.

Neulich, wie hast du da gelacht,
mit deinen Freunden, herzlich, laut,
da kam die schwarze Spinne »Schuld«,
hat all die Freude dir verbaut.
Glaubst du, du darfst nun nie mehr lachen?
Dein Leben Trauer? Stund um Stund?
Nein, denn die Schuld kennt keinen Kläger,
außer dir selbst…
Du bist der Grund.

Erkenn' die Schuld als Teil von dir,
das nächste Mal, wenn du dich freust.
Sie ist nur Schatten, ein Gespenst,
das gerne Kummer streut.
Stell' sie ins Licht und schau sie an,
ein Wunder wird gescheh'n.
Im hellen Licht löst sie sich auf
und du kannst weitergeh'n.

Die kleine Trauerfrau spricht:
Die Schuld hat viele Gesichter. Hier und jetzt geht es um die Form von Schuld, die tief in dir sitzt und versucht, deine Heilung zu boykottieren. Sie redet dir ein schlechtes Gewissen ein, wenn du dich endlich wieder einmal freuen oder etwas genießen kannst. Sie redet dir auch ein, daß andere Leute komisch gucken könnten oder sich gar von dir abwenden, wenn du lachst. Schließlich mußt du doch trauern – da gibt es nichts zu lachen! Ich wünsche dir, daß du nicht darauf hörst, daß du dieses Schuldgespenst erkennst und somit aus dem Reich der Schatten ins Licht beförderst. Im Licht ist Schuld machtlos und alles andere als furchteinflößend. Befreie dich selbst, lebe authentisch alle deine Gefühle. Du brauchst es niemandem recht zu machen außer dir selbst. Übertrete alle Gesetze, die alt und verstaubt sind, die dir in deinem Heilungsprozeß nicht dienlich sind. Was soll, was muß, was darf … das ist ganz allein deine ureigene Entscheidung.

Dein Zaubersatz:
»Mir darf es gutgehen.«

11 · Engel

Wahre Engel helfen leise,
daran erkennst du sie.
Denn Engel scheuen lautes Lärmen,
stör'n deine Trauer nie.
Sie lieben nur, verstehen still.
Applaus, den brauchen Engel nicht.
Und manches Mal streicheln sie sanft
dein weinendes Gesicht.
Engel stellen sonntags oft
leis' einen Kuchen vor die Tür,
fühlen deine Einsamkeit
an solchen Tagen tief mit dir.
Engel putzen auch dein Zimmer,
wenn du spazierengehst.
Der Alltag ist für dich viel schlimmer
als früher, und das wissen sie.
Sie seh'n die Stärke stets in dir,
indem sie deine Schwäche achten.
Während – selbst hilflos – viele Menschen
ein Opfer aus dir machten.

Die Engel mit und ohne Flügel,
verstehen deinen Schmerz,
denn einst in längst vergang'nen Tagen,
war Trauer auch in ihrem Herz!

Die kleine Trauerfrau spricht:
Engel gibt es nicht nur in himmlischen Sphären, nein, sie sind auch mitten unter uns, als Menschen verkleidet. Es ist schwer, sie zu erkennen, weil sie so still und unscheinbar sind. Es sind nicht die Menschen, die dich bei der Trauerfeier laut und wortreich mit Floskeln und Versprechungen überschütteten. Es sind auch nicht die, die dir alles abnehmen, dich mit allerlei Wohlgemeintem überfordern, dich entmündigen. Sie verbergen damit nur ihre eigene Angst.

Engel, das sind die Menschen, die genau fühlen, was du jetzt brauchst. Sie drängen sich nicht auf, weil sie verstehen. Sie haben es selbst erlebt. Vielleicht achtest du einmal auf die kleinen, leisen Gesten der Hilfe. Sie sind leicht zu übersehen, wenn dein Leid so unendlich groß ist. Doch erkennst du sie, dann spürst du auch die bedingungslose Liebe dahinter. Dann öffnet sich dein Herz wieder ein Stück. Diese einfachen, stillen Engel erleichtern dir die ersten Schritte zurück ins Leben. Sie schaffen Vertrauen, weil sie dich achten.

Dein Zaubersatz:
»Ich sehe die Liebe.«

12 · Trost

Durch das Tor der Einsamkeit
weht ein leiser Hauch hinein,
wird stärker, landet mit der Zeit,
füllt aus den Raum mit seinem Sein.

Es ist der Trost, der warm umschlingt
dein Herz, das stumm vor Weh.
Es ist der Trost, der Hoffnung bringt,
die erste Spur im Schnee.

Trost liegt im Leben, das du fliehst,
du wagst dich nicht hinaus.
Wenn du das Treiben draußen siehst,
erfüllt es dich mit Graus.

Drum kommt der Trost ganz mutig nun,
direkt durch deine Tür,
bringt Worte, Gesten, wird nicht ruh'n
und fordert nichts dafür.

In deinem Tempo, Schritt für Schritt,
hilft er ins Leben dir zurück.

Die kleine Trauerfrau spricht:
Bist du einsam? Hast du Sehnsucht nach Gesellschaft, magst aber nicht nach draußen gehen? Die Sonne ist dir noch zu grell, die Menschen zu laut, zu lebendig. Stell dir vor, in so einer Situation klingelt es plötzlich an der Tür. Du öffnest, und da stehen lächelnd deine besten Freunde mit einem Kuchenpaket und einer Thermoskanne Kaffee. Sie haben keine Angst vor deinen Tränen, sie vermissen deinen verstorbenen Menschen auch und gemeinsam könnt ihr in Erinnerungen schwelgen, weinen und lachen. Deine Freunde töten diesen Menschen nicht noch einmal durch Totschweigen, sie lassen ihn wieder lebendig werden in der Kraft der Erinnerung. Du darfst reden, ohne daß sie betroffen schweigen. Solche Besuche schenken dir Kraft. Sei mutig und kommuniziere deine Wünsche nach Kontakt. Nicht alle Freunde wissen, was dir hilft, deshalb ist es wichtig, alles auszusprechen. Das nimmt euch die Unsicherheit, es schafft Klarheit auf beiden Seiten, und du darfst dich endlich fallenlassen in die Geborgenheit von echtem Trost.

Dein Zaubersatz:
»**Ich teile meine Wünsche mit.**«

13 · Heilung

Heilung heißt nicht,
ohne Trauer zu sein.
Heilung heißt nicht,
ohne Schmerz zu sein.
Heilung bedeutet,
Trauer und Schmerz zu achten,
sie bewußt wahrzunehmen,
ihnen Raum zu geben,
dir selbst Raum und Stille zu geben.
Heilung bedeutet
Zulassen und Annehmen,
dich einzulassen auf alle Gefühle.
Freude genauso wie Schmerz, Trauer, Wut,
denn alles tanzt in der Zeit.
Heilung ist das sanfte Lächeln
des Mitgefühls für dich selbst,
ein Geschenk an deine Tränen.
Heilung ist das Aufatmen der Seele,
wenn du dich lebst
mit all den aufsteigenden Gefühlen,
den glitzernden Tränen,
die gesehen werden wollen,
ungeachtet des Außen,
was soll oder muß.

Heilung heißt lebendig sein!

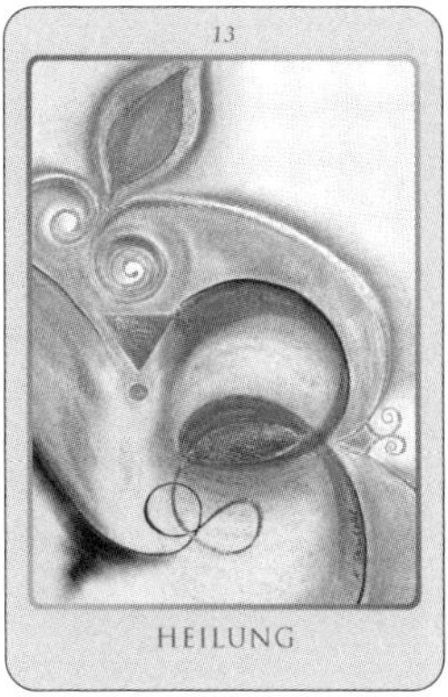

Die kleine Trauerfrau spricht:
Heilung beginnt in dem Augenblick deiner Annahme des Geschehenen. Denn dann spürst du wieder, daß du noch da bist. Während du dich vorher verzweifelt im Kampf verlorst, so wendest du dich nun wieder dir selbst zu, und das ist gut so. Heilung ist kein Endergebnis, Heilung ist ein Weg, der zum Heil-Sein führt. Gehe jeden Schritt dieses Weges so bewußt wie möglich, dann kannst du erkennen, wie alles im Fluß ist. Flüchte nicht, wenn sich die Trauer wieder zeigt, nimm dir Zeit, um deinen Gefühlen Raum zu geben. Ich weiß, wie viel Angst Trauer und Schmerz auslösen können. Dann möchtest du fortlaufen, ablenken. Jedoch mit jeder Stunde, die du dich deinen Gefühlen bewußt widmest, schwindet auch diese Angst. Weil du dann Heilung spürst, weil du dann jeden Schritt auf diesem Weg annehmen kannst. Weil genau dieser Weg zurück in dein Leben führt.

Dein Zaubersatz:
»**Ich heile bewußt.**«

14 · Sehnsucht

Gedanken fliegen in die Ferne,
in eine längst vergangene Zeit.
Verklärt, vergoldet, voller Sterne,
machen das Herz dir warm und weit.
Ein Gefühl, das nicht von Dauer,
kurzer Trost durch Illusion.
Schmerz, er liegt längst auf der Lauer,
killt Sehnsuchtsträume voller Hohn.
Sehnsucht nach dem alten Leben,
läßt zu, daß du dem *Jetzt* entrinnst,
und während Spinnen Träume weben,
lebst du von diesem Traumgespinst.
Im Schmerz der Hoffnungslosigkeit
läßt Sehnsucht sich bald wandeln.
Holt sie zurück in deine Zeit,
um mit dir zu verhandeln.
Sehnsucht nach ganz neuem Leben,
schenkt dir die Kraft der Gegenwart,
dich aus dem Dunkel zu erheben,
dem Lichte wieder zuzustreben,
ein neues Netz für dich zu weben,
die Sehnsucht flüstert:
Lebe… leben…

Die kleine Trauerfrau spricht:
Bittersüße Wehmut zerreißt dir wahrscheinlich oft das Herz. Sehnsucht, die zurückfliegt in eine Zeit, als alles in deinem Leben in Ordnung und der Mensch, der nun für immer gegangen ist, noch an deiner Seite war.

Sehnsucht nach Erinnerung... immer wieder. Du träumst dich zurück und findest in diesen Träumen für kurze Zeit Frieden. Laß dir diese Träume, diese Sehnsucht nicht ausreden. Lebe sie, solange sie dir helfen. Sie haben einen Sinn und sind wichtig auf dem Weg der Heilung. Sehnsuchtsträume entspannen dich, und du darfst für einige Zeit der Wirklichkeit entfliehen. Diese Zeit ist wie ein Pflaster auf der blutenden Wunde.

Und eines Tages, wenn die Zeit reif ist, dann spürst du von selbst, daß die Sehnsucht sich schon hin und wieder ändert. Dann springt sie immer häufiger von der Vergangenheit in die Zukunft – auf ganz natürliche Weise. Nun bezieht sie sich auf dein neues Leben und öffnet dich für den Fluß der Veränderung.

Dein Zaubersatz:
»Ich folge meiner Sehnsucht.«

15 · Geborgenheit

Weit ab vom Lärm der Welt,
ganz tief in deiner Einsamkeit,
zwischen Liebe, Trauer, Leid,
da ruht sie, die Geborgenheit.
In deinen sehnsuchtsvollen Träumen,
wo er noch immer bei dir ist,
hüllt sie dich ein mit weichen Tränen,
für deinen Menschen, den du so vermißt.
Geborgenheit, sie ist auch dort,
bei Freunden, die dich blind versteh'n,
die dich trotz aller Emotionen,
in deiner ganzen Schönheit seh'n.
Und tief, so tief in deiner Seele,
lebt die Geborgenheit in dir.
Ziehst du zurück dich in die Stille,
öffnet sie gerne ihre Tür.
Du schlüpfst hinein, dort ist der Mensch,
den du verlorst mit so viel Schmerzen.
Er ist nicht fort, er ist in dir,
lebt weiter nun in deinem Herzen.

Sanft lächelt die Geborgenheit,
für sie gibt's weder Tod noch Zeit.

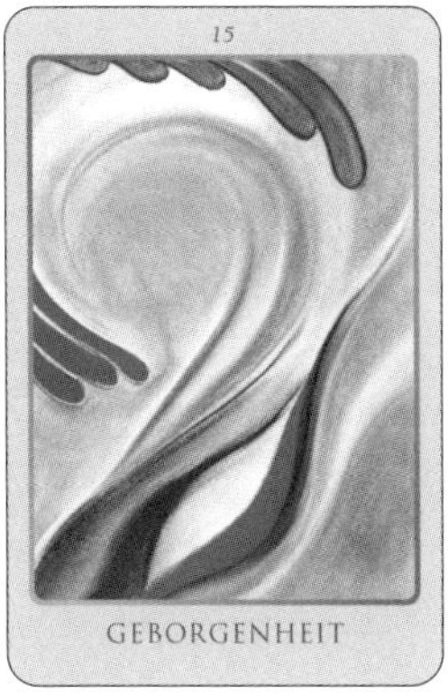

Die kleine Trauerfrau spricht:
Es ist nicht leicht, Geborgenheit zu empfinden, wenn man sich alleine fühlt. Dennoch ist es möglich, wenn du genau in dich hineinhörst. Igele dich ein, wann immer dir danach zumute ist, und höre auf zu funktionieren. Versuche, dir selbst zu geben, was du momentan von keinem anderen bekommen kannst. Manchmal ist es nur eine Schüssel Grießbrei, die dich an kuschelige Momente deiner Kindheit erinnert und dir auf diese Weise ein Geborgenheitsgefühl schenkt.

Aber auch ganz verrückte Ideen können auftauchen. Hinterfrage sie nicht, scheuche sie nicht weg, sondern tue einfach, was sich zeigt. Ganz gleich, ob andere es verstehen, ganz gleich, ob du es selbst verstehst. Alles, was dir jetzt gut tut, ist erlaubt.

Baue dir selbst ein Nest, voller Wärme und Schutz. Genieße es alleine oder mit verständnisvollen Menschen.

Dein Zaubersatz:
»Ich tue mir gut.«

16 · Loslassen

Gestern fand ich eine Feder,
sie lag direkt vor meiner Tür,
weiß, zart, ein Hauch von Nichts,
und ich wußte, sie kam als Zeichen von dir.
Ich nahm sie mit mir,
verstand deinen Wunsch.
Es ist Zeit!
Zeit, dich loszulassen,
dich dem Wind zu übergeben.
Ich gebe dich frei, ohne dich zu vergessen.
Ich gebe dich frei, beschenke mich mit Erinnerung.
Ich gebe dich frei und lasse all die Liebe,
die uns verband, frei fließen.
Loslassen bedeutet Freiheit,
für dich und für mich,
jedoch ohne uns ganz zu verlieren.
Loslassen bedeutet Hingabe,
an den natürlichen Fluß von Leben und Tod,
an Zyklen, an die unendliche Liebe.
Behutsam lege ich die Feder
draußen auf das Fensterbrett,
warte auf meinen Freund, den Wind.
Schaue zu, wie er die Feder mit sich nimmt,
sie trägt, genauso wie auch dich.
Ich fließe mit meinen Tränen,
ich fließe in meiner Liebe,
bin eins mit dir, dem Leben, dem Tod.
Loslassen verbindet!

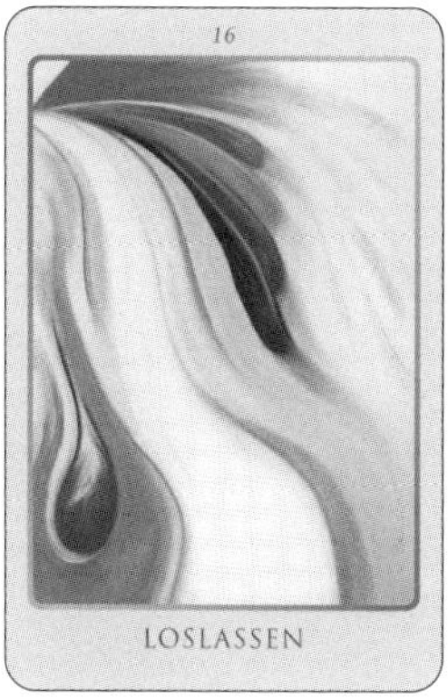

Die kleine Trauerfrau spricht:

Dieser Prozeß kann gerade am Anfang unendlich viel Angst hervorrufen. Du wehrst dich dagegen, deinen geliebten Menschen loszulassen. Die Angst, alles zu vergessen, womöglich nicht einmal mehr die Erinnerungen zu haben, ist mächtig.

Gerade diese Erinnerungen sind doch das einzige, was dir geblieben ist. Wie sah der Mensch aus, wie roch er, wie klang seine Stimme? In dieser Angst möchtest du auf keinen Fall loslassen, du wünschst dir so sehnlich, deinen Menschen nur noch einmal lebendig zu sehen. Doch glaub mir: Das Loslassen bezieht sich immer nur auf das Unabänderliche; auf die Tatsache, daß der Körper gestorben ist. Etwas, das nicht mehr existiert, läßt sich nicht festhalten. Doch deine Erinnerungen verschwinden nicht, sie verwandeln sich höchstens, wenn du losläßt. Sie werden weicher, weniger schmerzhaft.

Alles, was du jetzt brauchst, ist Zeit. Loslassen geschieht langsam, deshalb überfordere dich nicht. Du allein bestimmst darüber!

Dein Zaubersatz:
»Ich traue mich loszulassen.«

17 · Einlassen

Du bist allein!
Was jetzt?
Die Trauer-Dämonen sind fort,
sie haben sich aufgelöst.
Sind verschwunden wie von Zauberhand,
als hätte es sie nie gegeben.
Leere um dich herum,
Leere in dir,
Leere überall.

Kein Wissen, wie es sein wird
mit dem Alleinsein.
Aber du läßt dich ein
auf alles.
Einlassen, es macht dich still.
Einlassen und Stille,
sie werden *eins* in dir,
voll unendlicher Kraft und Mut
dir selbst zu begegnen.

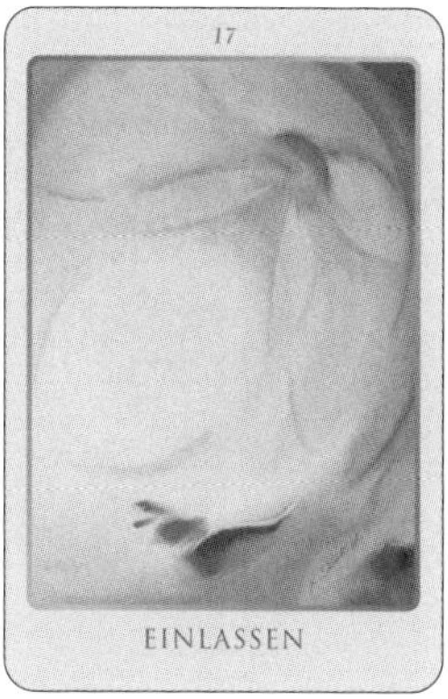

Die kleine Trauerfrau spricht:
In dir ist wieder mehr Ruhe eingekehrt. Der große Schmerz hat sich gelegt, das Durcheinander der Gefühle hat sich in Schweigen verwandelt. Macht dir das manchmal Angst? Fühlst du dich verunsichert? Vielleicht kommt es dir jetzt so vor, als ob ein weißes, weites Feld vor dir liegt. Und du hast keine Ahnung, was dich jetzt erwartet. Einsamkeit? Wie soll dein Leben jetzt weitergehen, sich gestalten? All diese Fragen bleiben in dieser Leere unbeantwortet.

Zerbrich dir nicht den Kopf. Im Moment ist der Verstand nicht gefragt. Laß diese Leere und Stille einfach zu, laß dich ein auf das Unbekannte, noch nicht Sichtbare. Leere ist nichts Bedrohliches, sondern oft der erste Schritt vom Kopf ins Herz. Vertraue darauf, daß du getragen bist. Alles weitere wird sich ergeben, wie von zarter Hand geführt.

Dein Zauberspruch:
»Ich vertraue.«

18 · Aufbruch

Leise gehst du auf die Reise,
ein Schiff, es trägt dich fort.
Und auf sanft geführte Weise,
bringt es dich an deinen Ort.
In die von dir erträumte Ferne,
die fern doch jedes Traumes liegt.
Als Kompaß dienen dir die Sterne,
die Lust auf Leben hat gesiegt.

Kein grauer Dunst am Himmelszelt,
gewichen wie dein Leid.
Und all die Fröhlichkeit der Welt,
sie macht dein Herz dir weit.
Die Zeit nahm sich der Trauer an,
nahm Wut mit, Angst und Schuld.
Und während langsam sie verrann,
dein Herz blieb voll Geduld.

Heut spricht dein Herz mit lautem Beben:
Komm! Laß uns endlich wieder leben!

Die kleine Trauerfrau spricht:
»Das Leben geht weiter.« Wie oft mußtest du dir diesen Satz wohl anhören in der letzten Zeit? Und doch spürst du jetzt vielleicht gerade ein kleines bißchen Lust, wieder hinauszugehen in dieses immer voranschreitende Leben, das für dich so lange stillzustehen schien. Bist du unsicher? Hast du Angst, wie andere auf dich reagieren könnten? Angst, dich erklären zu müssen und dann zu versagen? Achte deine Empfindlichkeit, denn sie ist dein Maßstab, inwieweit das normale Leben für dich schon auszuhalten ist. Wage den ersten Schritt und dann gehe. Vielleicht ganz langsam, du hast alle Zeit der Welt. Gehe nur so weit, wie es sich gut für dich anfühlt. Und scheue dich nicht, liebe Menschen um Hilfe zu bitten, wenn du Angst hast. Begleitung kann dich sicherer machen in dieser Aufbruch-Zeit.

Dein Zaubersatz:
»Ich möchte sicher gehen.«

19 · Neugeburt

Da bist du!
Verwandelt, geschlüpft,
in neuem Kleid,
aus dem schützenden Kokon der Trauer.
Zaghaft, ängstlich, fremd
siehst du noch nicht deine neue Farbenpracht,
deine Flügel, so leuchtend und schön.

Weites Feld,
von niemandem begangen.
Verwischte Spuren,
damit niemand sie erkennt.
Neu jeder Schritt, jeder Flügelschlag.
Leichtfüßig, schwebend,
betrittst du jungfräulichen Boden.

Schmetterlinge lieben Farben,
bunt flattern sie durch die Welt.
Niemand bestimmt ihren Weg,
der sie in Leichtigkeit trägt,
durch ein silbernes Farbenmeer,
in den Sommer ihres Lebens.

Schau in den Spiegel – das bist du!
Entfalte deine neuen bunten Schwingen,
hab keine Angst.
Und jetzt flieg, kleiner Schmetterling,
denn es ist Sommer geworden.

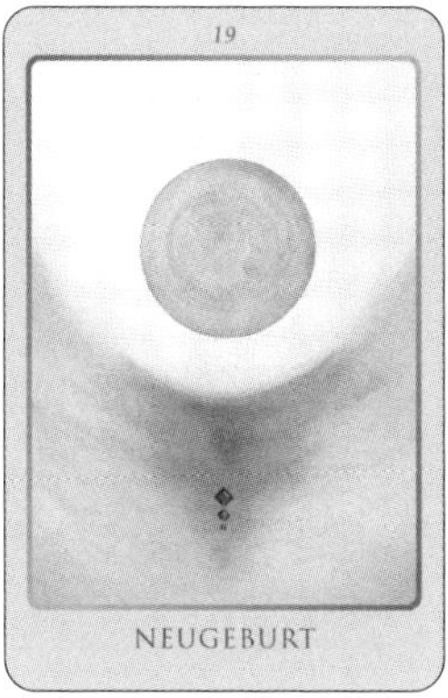

Die kleine Trauerfrau spricht:
So viel Wandlung ist in dir geschehen. Siehst du die Veränderungen, die stattgefunden haben? Spürst du vielleicht eine ganz neue, feinere Sensibilität?

Verwechsele sie bitte nicht mit Schwäche! Diese Sensibilität ermöglicht dir eine viel größere Wahrnehmung, als du sie vorher jemals hattest. Sie sagt und zeigt dir auch, wenn du mehr auf dich und deine Bedürfnisse achten solltest.

Ebenso läßt sie es nicht mehr zu, daß andere Menschen deine Grenzen übertreten. Traust du dich jetzt, in dieser neuen Art in die Welt hinauszugehen? Laß dir Zeit, mache ganz kleine Schritte. Gewöhne dich erst selbst an dein neues Ich und genieße die positiven Seiten, die du nun an dir feststellen kannst. Vielleicht hast du auch Lust auf äußerliche Veränderungen, etwa eine neue Frisur. Dann tue es. Setze Zeichen für deine Neugeburt!

Dein Zaubersatz:
»Ich zeige mich.«

20 · Selbstannahme

Mit deinem *Ja*
zu dir selbst,
zu all dem,
was du in diesem Moment bist,
egal ob du dich gut
oder schlecht dabei fühlst,
mit diesem *Ja*
entdeckst du das Wunder
in dir selbst.

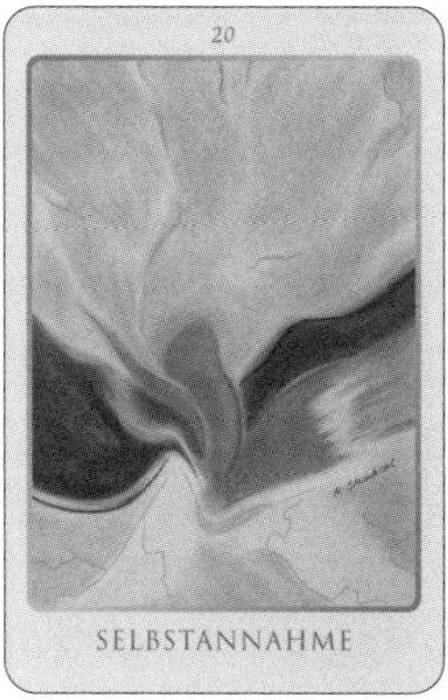

Die kleine Trauerfrau spricht:
Verurteilst du dich manchmal selbst für Gefühlsausbrüche oder schwache Momente? Damit schadest du dir nur. Wenn du den Mut hast, dich jederzeit so sein lassen zu können, wie du gerade bist, dann vergeht diese ständige Anspannung, dich anders geben zu müssen, und du kannst wieder lockerlassen. Niemand darf dich zwingen, wie ein Roboter zu funktionieren. Wenn du dich ständig zusammenreißt, dann spürst du das Reißen bald in deinem ganzen Körper. Dann verspannst du völlig, wirst hart und unbeweglich.

Lerne, deine Schwäche zu zeigen und auch zu kommunizieren. Doch vor allem: Sag du selbst »Ja« zu dir und allem was in dir ist.

In diesem Annehmen wirst du offener für dich und damit auch für andere Menschen.

Dein Zaubersatz:
»Ich sage *Ja* zu mir.«

21 · Liebe

Wenn Liebe eine Farbe wäre,
und du ein Maler mit viel Herz,
dann zauberst du aus weißer Leere
dein Lebensbild voll Freud' und Schmerz.

Zuerst das Trauerschwarz aus dunkler Tube
mit Liebe kräftig angemischt
schenkt wohl Geborgenheit und Ruhe,
wenn auch das letzte Licht erlischt.

Wutrot, so aggressiv wie nie,
verleiht, mit Liebe gut versetzt,
dir leuchtend neue Energie,
wenn vieles dich noch oft verletzt.

Dem verschlingenden Braun der Erde,
gibt die Liebe das Leben zurück,
auf einer Wiese voll wilder Pferde,
erklärt sie den Lebenskreis und das Glück.

Zu guter Letzt mischt Liebe du
mit frischem Hoffnungsgrün,
setzt Tupfer noch aus Gold dazu,
und alles darf jetzt bunt erblüh'n.

Dein Leben liegt in deiner Hand
und sieh, du hast es selbst vollbracht,
das ist dein neu erschaffenes Land:
LIEBE in schönster Farbenpracht.

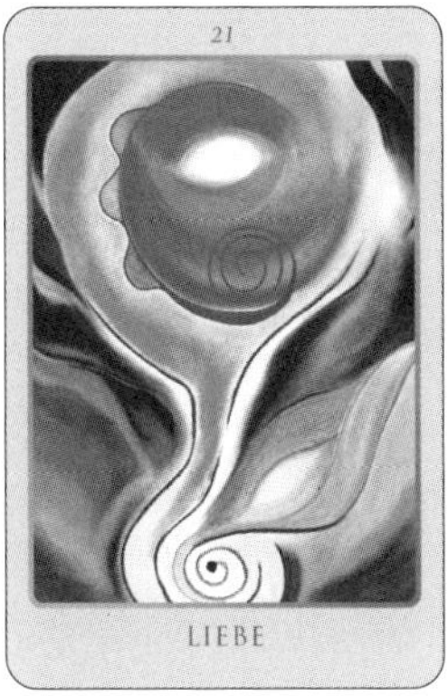

Die kleine Trauerfrau spricht:
Spürst du manchmal, daß dein verstorbener Mensch weiterhin bei dir ist und dich mit einer Liebe einhüllt, so daß du vor Rührung weinen mußt? Seine irdische Liebe hat sich nun durch den körperlichen Tod in eine umfassendere Liebe verwandelt, die alles aus einer viel weiteren Sicht umhüllt.

Diese Liebe kannst du spüren und weitertragen in deine Welt, in deinen Alltag. Sie kann wirklich alles umfassen, auch die gesamte Palette deiner Gefühle.

Glaube an die Liebe und lasse sie ganz tief in dein Herz hinein. Auf diese Weise bleibst du weiterhin mit deinem geliebten Menschen verbunden, es ist nur eine andere Ebene, in der ihr den Kontakt und die Verbundenheit haltet. Vertraue deinen Wahrnehmungen, denn sie sagen deine Wahrheit.

Liebe ist immer Wahrheit…

Dein Zaubersatz:
»Liebe führt mich.«

22 · Dankbarkeit

Vielleicht sind Jahre längst verstrichen,
da öffnet plötzlich sich ein Raum,
du gehst hinein und siehst dich um,
denkst, all das hier ist nur ein Traum.
Es hängen Bilder an den Wänden,
Erinnerung an schöne Zeit,
kein Schmerz mehr kann dich heut verwunden,
Dankbarkeit macht's Herz dir weit.
Der Raum ist licht dank vieler Kerzen,
entzündet von der Liebe Macht.
In leise Wehmut wandelten sich Schmerzen,
Erinnerung von den Wänden lacht.
In dir die Dankbarkeit schenkt Wärme,
schenkt Leben auch und neues Glück,
du weißt, in vielen stillen Stunden,
darfst du in diesen Raum zurück.
In deinem Lächeln glitzern Tränen,
weil du das Schöne plötzlich wieder sah'st.
Die Liebe, tief in deinem Herzen
sagt: Danke, daß du bei mir warst!

Die kleine Trauerfrau spricht:
Manchmal vergehen viele Jahre, bis deine Traurigkeit über den Verlust eines nahestehenden Menschen sich in Dankbarkeit wandelt. Dann ist da vielleicht eine leise Wehmut, aber der einst so unbarmherzige Schmerz ist weicher geworden, fast verschwunden. Dankbarkeit umhüllt dich wie eine weiche Decke.

Du lächelst und denkst an die vielen wunderbaren Momente zurück, die du mit diesem Menschen erlebt hast, und an das, was du durch ihn und seinen Tod lernen durftest. Ebenso bist du dankbar für deine Entwicklung, die die lange Zeit der Trauer mit sich brachte. Vielleicht hast du Lust, genau jetzt wieder einmal eine Kerze anzuzünden, um deinem Dank Wärme und Ausdruck zu verleihen.

In der Dankbarkeit liegt auch die Öffnung für Neues.

Dein Zaubersatz:
»Ich danke dir.«

23 · Leben

Willkommen sagt das Leben,
du bist wieder da.
Vorbei die Zeit,
in der alles Lebendige
einen Bogen um dich machte,
vorbei auch die Zeit
im schützenden Trauer-Kokon.
Neue Kraft, neuer Mut.
Und auf einmal spürst du es:
Ja, ich bin wieder da,
längst mittendrin
im Fluß des Lebens.
Ich gehöre wieder dazu,
aber in meiner neuen Weise.
Meine Augen blicken tiefer,
meine Sinne fühlen mehr,
mein Herz ist weicher,
es pulsiert
in einer unbändigen Lust
auf genau dieses Leben.
Ja, ich bin wieder da!

Die kleine Trauerfrau spricht:
Wunderst du dich manchmal im Rückblick eines Tages darüber, daß er von einer wohligen Normalität geprägt war? Du einfach mittendrin, ohne ständig an Schmerz und Verlust denken zu müssen? Dann freue ich mich sehr für dich und sage: »Willkommen zurück im Leben!«

Wahrscheinlich lebst du deinen Alltag nicht mehr auf die frühere Weise, aber glaub mir, das ist gut so. Denn du bist feinfühliger und achtungsvoller dir selbst gegenüber geworden, du spürst, wann und wie lange du Rückzug brauchst. Du sorgst mehr für dich und deine Bedürfnisse.

Genau das ist nun das Geschenk an dich. Dafür hast du all die Gefühle gelebt, gekämpft und so viel gelernt in der langen, schweren Zeit. Und nichts davon geht verloren. Du nimmst es jetzt mit in dein neues alltägliches Leben, das dich fast unbemerkt wieder zu sich zurückholte, um dich einzubinden mit deinen vielen wertvollen Erfahrungen.

Ich danke dir nun von ganzem Herzen, daß du dich mir anvertraut hast.

Dein Zaubersatz:
»Ich bin lebendig.«

24 · Melodie

Der Tod spielt eine wundersame Melodie,
die sich mit deiner nun vereint,
der Melodie aus deinem Herzen,
den Tränen, die du hast geweint.

Die Noten schrieb das Schicksal still,
bevor der erste Ton erklang.
In dem Moment, als Tod das Leben küßte,
erwacht zu traurigem Gesang.

Im Stillstand deines Zeitgefühls,
da wuchs die Melodie heran,
kraftvoll, verfeinert, klassisch, wild,
ein Spiegelbild das klingen kann.

Orchester, Chöre, fielen ein,
und was erst eine kleine Melodie,
erwächst im Strudel aus Gefühl
zu deiner Lebens- Symphonie.

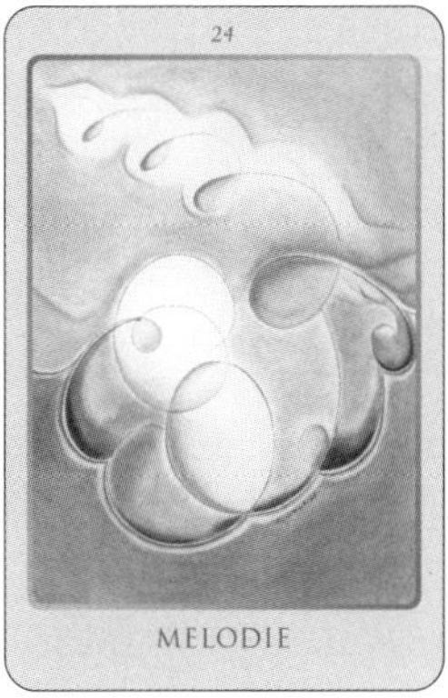

Die kleine Trauerfrau spricht:
Deine Lebensmelodie setzt sich aus vielen verschiedenen Tönen zusammen. Sie entsteht aus Gefühlen, Begegnungen, Schicksalsschlägen... Manchmal tönt sie leise, dann wieder laut, einmal in Dur und dann wieder in Moll. Und es gibt Zeiten, da denkst du, sie ist verstummt, weil dich nur noch Stille umgibt.

Doch dann verstehst du, dann erkennst du im Sinnbild deiner Melodie die naturlichen Zyklen und den Rhythmus eines Menschenlebens hier auf der Erde.

Jede Lebensmelodie ist einzigartig und individuell, auch wenn sie bestimmten Gesetzen folgt. Ich freue mich, wenn du eines Tages die Melodie deines Lebens mitsingst, sie anerkennst und liebst in ihrer Einmaligkeit, die du selbst erschaffen hast: ein Meisterwerk an Vielfalt und gelebten Gefühlen, die sich im großen Finale einer Symphonie zusammenfügen.

Dein Zaubersatz:
»Alles in mir klingt.«

Über die Autorinnen

Im Jahr 2008 kamen wir das erste Mal durch spirituelle Arbeit in Kontakt miteinander.

Wir telefonierten häufig, merkten, wie sehr sich unsere Gedanken, Erlebnisse und inneren Prozesse ähneln. Ein weiterer wichtiger Punkt: Wir konnten und können unglaublich viel und von Herzen miteinander lachen, haben denselben Humor. Obwohl wir von unseren Wohnorten her weit auseinander leben, entstand eine für uns schöne und wichtige Freundschaft. Wir telefonieren bis heute oft, teilen unsere Erlebnisse und Erfahrungen, helfen uns auch gegenseitig aus so manchem Tiefpunkt heraus. Das Thema »Trauerbewältigung« war von Anfang an ein zentrales Thema in unseren Gesprächen, und so hatten wir letztendlich die Idee, gemeinsam unsere Erfahrungen weiterzugeben. Wir möchten dir und anderen trauernden Menschen Mut zusprechen, ihren ureigenen Trauerprozeß anzuerkennen und zu leben.

Vielleicht helfen dir nicht nur die Karten und Texte, sondern auch unser eigenes Erleben dabei, dich verstanden und nicht mehr ganz so alleine zu fühlen. Deshalb erzählt nun im Folgenden jede von uns kurz ihre Geschichte.

Karin Steinhöfel (Jahrgang 1964)

Mein Leben schien ganz normal zu verlaufen: eine heile Kindheit, ein funktionierendes Arbeitsleben, später leider die Scheidung vom Vater meiner Kinder.

Danach lebte ich mit meinen beiden wunderbaren Jungs allein. Alles schien gut zu sein, so wie es war!

Bis zu dem Tag, als mein ältester Sohn das erste Mal versuchte, sich das Leben zu nehmen. Ein Schock, der aus heiterem Himmel kam! Vorher hatte ich nicht das Geringste bemerkt.

Von diesem Tag an war nichts mehr wie früher. Mein Leben sollte sich komplett verändern, und ich ahnte damals noch nicht wie sehr!

Es begann die schlimmste Zeit meines Lebens. Ein dreiviertel Jahr kämpfte ich um meinen Sohn, der mir jeden Tag aufs neue erzählte, daß er sterben wolle. Für mich wurde es eine Phase größten inneren Zerrissenseins, unbeschreiblicher Schmerzen, geweinter Tränen und der größten Angst und Hoffnungslosigkeit.

Jedoch war es auch eine Zeit voll tiefgehender Gespräche mit meinem Sohn, eine Zeit des Loslassens und der tiefsten Einblicke ins Leben allgemein – und immer wieder das Ringen und Flehen, daß es doch gut ausgehen möge!

Ich kämpfte, bis er es kurz nach seinem 18. Geburtstag trotz allem schaffte, sich mit einem inzwischen dritten Suizidversuch das Leben zu nehmen. Zunächst brach ich zusammen, alles erschien mir nur noch hoffnungslos und leer.

Völlig hilflos, blieb mir nichts anderes übrig, als mich diesem inneren Zerreißen zu stellen. Immer mehr erkannte ich, daß es mir hilft, mich der Trauer bewußt auszusetzen und sie nicht zu verdrängen. Aus heutiger Sicht war es für mich das einzige, was mir wirklich half, diese Zeit zu überleben.

Aus einem inneren Impuls heraus kündigte ich ein Jahr später meine sichere Arbeitsstelle in einem Unternehmen und zog mich für die nächsten Jahre fast vollständig aus allem Leben zurück.

Während dieses Rückzugs tauchten die verschiedensten Lebensthemen in mir auf, die angeschaut und erlöst werden wollten. Nicht immer hatten diese Themen allein etwas mit dem Tod meines Sohnes zu tun.

Bereits als Kind liebte ich Farben über alles und malte sehr gerne. Während meiner Rückzugsphase kamen die Lust auf Farben und das Malen zu mir zurück. Also begann ich, meine Gefühle und Zustände auf diese Art auszudrücken.

Wenn ich malte, dann war ich eins mit mir selbst und meinen Gefühlen. Dann ging es mir gut, und ich fühlte mich in meiner eigenen Welt geborgen. Schon bald bemerkte ich, daß die Bilder nicht aus meinem Verstand kamen, sondern aus geistigen Ebenen, die sich durch meinen schmerzvollen Weg geöffnet hatten.

So verwandelten sich meine Tränen nach und nach in Perlen.

Ich nahm mir die Zeit zu heilen und war fast ausschließlich nur für mich selbst da. Immer wieder wurde ich in eine innere Tiefe geführt, um zu fühlen, zu erlösen, um das Leben danach befreiter zu meistern.

Meine Trauer und meine Schmerzen öffneten mir die Türen in eine neue Welt; eine Welt voller Liebe, voller Achtung für mich selbst und andere, eine Welt tiefster Akzeptanz von »allem, was ist«.

Mit dem Gehen meines Sohnes wurde mir vom Schicksal nicht nur das Liebste genommen, nein, ich bekam tiefste Liebe in unglaublich vielen Facetten zurück! Mein Leben ist heute farbiger als je zuvor!

Diese Liebe und die Farben möchte ich von ganzem Herzen an Menschen weitergeben, die in einer ähnlichen Situation sind, wie ich es damals war.

»Alles soll gut werden!«

So wünschte ich es mir damals, und ich durfte feststellen: Manchmal wird es auf eine ganz andere Art und Weise gut, als wir es je vermutet hätten!

Petra Möller (Jahrgang 1968)

Bis zu meinem 19. Lebensjahr wurde mein Leben von einem harmonischen Familienleben und Geborgenheit geprägt. Doch dann nahm mein Vater sich auf Grund einer schweren Erkrankung das Leben. Im Vorfeld gab es dafür keinerlei Anzeichen. Zu diesem Zeitpunkt war ich bereits schwanger, hatte meine Eltern aber noch nicht darüber informiert. Fast zehn Jahre lang machte ich mir deshalb immer wieder Vorwürfe, weil ich glaubte, wenn mein Vater von seinem Enkelkind gewußt hätte, dann wäre diese Verzweiflungstat nie geschehen.

Knapp vier Jahre später verunglückte mein Mann tödlich auf seiner Arbeitsstelle. Von einer Minute auf die andere stand ich mit meiner damals dreijährigen Tochter und einem ungeborenen Kind im Bauch alleine da. Kurze Zeit später erlitt ich eine Fehlgeburt.

Meine Trauerzeit dauerte genau zwei Wochen; danach funktionierte ich tagsüber wie ein Roboter, ging arbeiten, kümmerte mich um mein Kind und weinte mich nachts in den Schlaf. Ganz selten redete jemand mit mir über die Verluste, und schon bald traute ich mich nicht mehr, von mir aus mit diesem Thema und meinen Gefühlen anzufangen. Meine einzige Überlebenschance damals bestand aus Verdrängung. Wie falsch das war und wie krank es mich psychisch machte, begriff ich erst lange Zeit später.

Niemals hätte ich es auf die längst zurückliegenden Trauerfälle zurückgeführt, als ich plötzlich nach mehreren Jahren immer wieder krank wurde. Was mit Erkältungen, Magenbeschwerden und Migräne anfing, steigerte sich zu einer ganzen Palette psychosomatischer Erkrankungen, die anfänglich weder von den Ärzten noch von meinem Umfeld ernst genommen wurden. Ich fühlte mich wie eine Versagerin, ein Schwächling, hatte ständig ein schlechtes Gewissen. Bei meiner Arbeit in einer Klinikapotheke machte ich nur noch Fehler, und zu Hause litt meine Tochter unter meinen Launen. Ein langer, schwerer Weg lag vor mir.

Letztendlich hatte ich es einer Psychotherapeutin zu verdanken, daß meine Symptome sowie meine beginnende Depression und Panikstörung doch noch ernst genommen wurden. Dadurch bekam ich eine Einweisung in eine psychosomatische Klinik. Dort wurde mir endlich geholfen. Einzeltherapie mit intensiver Trauerarbeit, Gruppensitzungen, Entspannungsübungen und auch der Umgang mit den anderen Patienten schenkten mir Unmengen Erkenntnisse und neuen Lebensmut. Eine Mitpatientin und ein Physiotherapeut waren damals meine ersten menschlichen Engel. Sie öffneten mich durch viele Gespräche für echte innere Arbeit und auch Spiritualität.

Nach der Klinikzeit kündigte ich meinen krankmachenden Job im öffentlichen Dienst und fing mit meiner Tochter ein völlig neues Leben an. Bis heute habe ich diesen Schritt nie bereut und sehe dankbar all die Fügungen, die mir bis heute auf dem Weg begegnet sind.

Ganzheitliche Heilmethoden, Trauerbegleitung und Psychologie faszinierten mich, ich absolvierte Ausbildungen und arbeitete dann freiberuflich damit.

Bis heute ist es mein Herzenswunsch, andere Menschen für eine echte Trauerarbeit zu motivieren und die Trauer nicht mehr in einen dunklen Keller der Verdrängung zu verbannen. Ich wünsche niemandem eine so lange Leidensphase, wie ich sie durchleben mußte. Meine wirkliche Trauerarbeit fing erst nach fast zehn Jahren an, also sehr spät. Aber dem Himmel sei Dank, nicht zu spät.

Was mich über die vielen Jahre begleitete und seelisch überleben ließ, war meine Liebe zum Schreiben. Unzählige Tagebücher, Gedichte und Briefe an meinen verstorbenen Mann halfen mir, nicht an meinen unausgesprochenen und ungelebten Gefühlen zu ersticken.

Heute führe ich ein glückliches, freies Leben – in Dankbarkeit für meinen Weg, der mich in diese neue Lebensart führte. Inzwischen achte ich meine Gefühle und gebe ihnen genug Raum.

Mein Vater und auch mein Mann haben mir durch ihren Tod ein sehr besonderes Geschenk gemacht: Ich wurde geschliffen, immer feiner, immer durchsichtiger. Dadurch lernte ich endlich, ein selbstbestimmtes, bewußtes Leben zu führen und nur das zu tun, was wirklich aus meinem Herzen kommt, ganz gleich, was das Umfeld darüber denkt.

Die Liebe meines Vaters, meines Mannes und auch die meines ungeborenen Kindes begleiten mich ständig auf diesem Weg.

Geständnis

Während der Arbeit an diesem Kartenset mußten wir – die wir dachten, längst alle Trauer überwunden zu haben – uns eingestehen, daß die Bilder und Texte tatsächlich auch uns selbst noch innerlich bewegen und einige »alte Reste« von Unerlöstheit ans Tageslicht zaubern, Emotionen hervorrufen.

Es erschien uns zuerst etwas verrückt, da wir dies ja alles selbst gemalt und geschrieben hatten, aber wir erkannten, daß Trauerarbeit immer weiter geht. Sie prägt das ganze Leben, geht in weitere tiefere Schichten unseres Seins, erfüllt uns mit immer mehr Gefühl und Liebe.

Karin hatte während unserer Arbeit am Buch zum ersten Mal seit dem Tod ihres Sohnes das Bedürfnis, ein Bild von ihm in ihr Wohnzimmer zu stellen. Vorher dachte sie doch tatsächlich, das sei bei ihr nicht notwendig, sie brauche das nicht. Während sie nun also einen schönen Rahmen für das Bild aussuchte, es liebevoll aufstellte, lösten sich noch einmal Tränen. Es war ein Gemisch aus Trauer, aber auch der Freude, jetzt endlich täglich in sein Gesicht schauen zu können, voller Dankbarkeit und Liebe.

Petra, die ebenso glaubte, alles sei nun nach zwanzig Jahren wirklich erlöst, bekam durch eine »Seifenoper« im Fernsehen einen Tränenausbruch und eine wunderbare Idee. Sie wollte anläßlich ihres einstigen Hochzeitstages die Eheringe von sich und ihrem Mann zum Einschmelzen bringen, um dann, ausschließlich aus diesem Gold, einen Schmuckring anfertigen zu lassen. Sie fand eine gute Goldschmiedin, die diesen Ring wunderschön werden ließ.

Am 20. Hochzeitstag steckte Petra sich ihn selbst mit vielen Tränen an den Finger und trägt ihn seitdem täglich als Glücksbringer.

Du spürst jetzt vielleicht, wie lange die Trauer um geliebte Menschen das Leben verändern kann, aber eben auch auf sehr positive Weise. Eins ist also sicher: Ein menschlicher Körper stirbt irgendwann, aber die Liebe, die uns mit ihm verband, sie lebt weiter und schenkt uns Kraft für Neues.

Wünsche und Tips

Das größte Problem unserer scheinbar so modernen Gesellschaft ist es, daß der Tod ausgegrenzt wird. Es gibt keine offene Trauerkultur, wie sie zum Beispiel bei Naturvölkern völlig normal ist. Der Tod verursacht eine ungeheure Angst und wird lieber verdrängt, anstatt ihn als ganz natürlichen Prozeß anzusehen. Unsere Gesellschaft hat sich unendlich weit von allem Natürlichen entfernt.

Wir wünschen uns mehr Aufklärung, Akzeptanz, mehr Gespräche zu dem Thema. Das sollte bereits in der Schule geschehen. Wenn Kinder ganz natürlich mit diesem Thema umgehen könnten, müßten sie als Erwachsene nicht in solchen starken Ängsten gefangen sein – die sie dann wieder an die nächste Generation weitergeben.

Durch die vorherrschenden kollektiven Ängste wird ein trauernder Mensch oft von außen gezwungen zu funktionieren oder sich abzulenken. Eine weitere Isolation geschieht durch Unsicherheit auf Seiten des Trauernden und der Helfenden, die durch die allgemeine Verdrängung dieses Themas ja erst auftrat. Wir wünschen uns für beide Seiten mehr Kommunikation, Ehrlichkeit und den entsprechenden Mut dazu.

Der trauernde Mensch sollte seine Bedürfnisse äußern dürfen, seine Bitten um Hilfe klarer formulieren, ohne Angst, abgewiesen zu werden. Vielleicht ist es manchmal ratsam, an alle Verwandten und Freunde einen Brief oder eine Rundmail zu schreiben. Es wäre eine Möglichkeit, in Ruhe all das auszudrücken, was jetzt in einem vorgeht und was man sich wünscht.

Die Angehörigen und Freunde, die oft selbst trauern oder unsicher im Umgang sind, könnten dann ganz anders reagieren. Ihre eigene Angst, etwas verkehrt zu machen, ist oft groß. Ihnen wünschen wir den Mut, immer wieder nachzufragen, was der trauernde Mensch jetzt für Bedürfnisse hat. Ohne Kommunikation entstehen Mißverständnisse und oft sogar Verbitterung.

Ehrlichkeit und Offenheit auf beiden Seiten kann dagegen das positive Band der Gemeinsamkeit verstärken, der Beziehung mehr Tiefe und Feinfühligkeit verleihen.

Es gibt in Deutschland inzwischen schon einige Menschen, die Pionierarbeit in Sachen Trauerbewältigung leisten. Aufklärung erspart künftig viel Leid. Wir würden jedem Trauernden, der im Umfeld keine wirkliche Hilfe findet, raten, sich professionelle und neutrale Hilfe zu suchen. Es gibt sie in einiger Vielfalt. Vielleicht ist eine Psychotherapie der richtige Weg, vielleicht auch Gespräche mit einem Trauerbegleiter, eine Selbsthilfegruppe oder ganzheitliche Heilmethoden, die dazu beitragen, daß ein trauernder Mensch sich selbst wieder spürt und das Gefühl von »Angenommensein« erfährt, so wie er gerade ist.

Es soll nicht Sinn und Thema dieses Buches werden, dies genauer auszuführen und doch war es uns wichtig, die Problematiken wenigstens kurz anzureißen.

Nun möchten wir uns von dir, lieber Leser, liebe Leserin, verabschieden.

Wir wünschen dir die Kraft der Einzigartigkeit und Echtheit für deinen Weg. Wir wünschen dir auch viele hilfreiche Hände und Herzen, die dich unterstützen in deiner Trauerzeit.

Aber am meisten wünschen wir dir, daß du eines Tages den Sinn des ganzen für dich erkennst und daß auch deine Tränen sich in funkelnde Perlen verwandeln. Denk daran: Du bist nicht allein! Liebe ist grenzenlos und frei, sie überwindet Hindernisse und Welten. Öffne dein Herz dem Unfaßbaren, und du wirst an deinem Schicksal wachsen, anstatt unterzugehen.

Wir danken dir, daß du dich uns für diese Zeit anvertraut hast!

Karin Steinhöfel und Petra Möller

In Memoriam

In Memoriam

In Memoriam

In Memoriam

In Memoriam

Herr A. atmete über eine geblockte Trachealkanüle (Rüsch Gr. 8) und war mit einer nasogastralen Sonde, einem suprapubischen Blasenkatheter und einem arteriellen Katheter in der linken Leiste versorgt.
Am Kopf zeigten sich zahlreiche Operationsnarben.

2.) Beurteilung der Wahrnehmungsleistungen anhand vom allgemeinen Verhalten in problemlösenden Alltagsgeschehnissen

Sehen: *Der Droh-Blinzelreflex war nicht zu provozieren. Seine Pupillen reagierten rechts nicht und links nur träge auf Licht. Weder Personen noch Gegenstände wurden von Herrn A. fixiert. Es machte nicht den Eindruck, als ob er optische Eindrücke aufnehmen würde.*
Medizinische Diagnostik: Die ersten VEP's (Visuelle-evozierte Potentiale) vom 29.11.95 gaben Anlaß zu der Annahme, daß die zentrale Sehbahn zumindest teilweise intakt war.

Hören: *Herr A. reagierte nicht auf Ansprache. Klatschte man neben ihm in die Hände, kam es zur Blinzelreaktion links und zu einem leichten Zucken des geschlossenen rechten Augenlides.*
Die Beobachtungen im Alltag ergaben keine weiteren Hinweise darauf, ob der Patient verbale und/oder akustische Informationen aufnehmen und/oder verarbeiten konnte.
Medizinische Diagnostik: In den ersten AEP's (Auditive-evozierte Potentiale) vom 29.11.95 fanden sich keine sicher reproduzierbaren Potentiale; was zusammengenommen mit den klinisch-neurologischen Befunden für das Vorliegen einer schweren Hirnstammkontusion sprach.

Schmecken/Riechen: *Ob der Patient schmecken und riechen konnte, ließ sich aufgrund seines komatösen Zustandes nicht sagen. Bedingt durch die Trachealkanüle konnte er keine olfaktorischen/geruchlichen Stimuli aufnehmen.*

Spontanes Organisationsmuster: *Herr A. konnte sich nur in einem stereotypen Muster bewegen. Während der therapiefreien Zeiten wurde er überwiegend im Bett gelagert. Schon kurze Zeit nach einer Lagerung zeigte er große Spannung im ganzen Körper, die sich besonders im linken Bein und Arm ausprägte. Es kam dabei nur zu minimalen Veränderungen der Beziehung zwischen seinem Körper und der Umwelt. Wir schlußfolgerten daraus, daß Herr A. Informationen überwiegend in einem* ***kinästhetischen*** *Muster suchte. Durch die nahezu fehlende Veränderung zwischen seinem Körper und der Umwelt konnten wir von einem „fading out" ausgehen.*

Interaktionseinheiten: *Indem der Patient auf der Matratze seines Bettes lag, berührte er diese Unterlage zwar mit seinem Körper, konnte seine Lage jedoch nicht verändern und kam so spontan nicht zum „Berühren". Er konnte erst pflegerisch geführt überhaupt zum Berühren gebracht werden.*

Spontaner Informationsquellenwechsel: *Sowohl klinische Beobachtung als auch medizinische Diagnostik legten die Vermutung nahe, daß Herr A. weder visuelle noch auditive Informationsquellen nutzen konnte. Im* ***taktil-kinästhetischen*** *Wahrnehmungsbereich verblieb der Patient in spontanen Situationen in seiner großen Körperspannung, die sich z.B. beim Gähnen oder Husten weiter verstärkte.* ***Taktile*** *Information konnte von ihm nicht gesucht werden. Von einem spontanen Wechsel der Informationsquellen konnte also nicht gesprochen werden.*

Fremdberührung und Bewegtwerden: *Berührte man Herrn A. zur Begrüßung an der Schulter, so ließ sich auf dem Monitor ein Anstieg der Pulsfrequenz beobachten, der bei verbaler Begrüßung ohne Berührung ausblieb. Passive Bewegungen, die Extremitäten wie auch den Körper des Patienten von der Unterlage weg bewegten und die ohne vorherige Informationssuche durchgeführt wurden, lösten beim Patienten einen Anstieg der Herzfrequenz und der Muskelspannung aus.*
Beispiel: *Der Versuch, in Rückenlage seine Arme durch die Luft zu bewegen, führte zu einem Anstieg der Herzfrequenz und zur Zunahme der Muskelspannung in den Armen, die sich weiter verstärkte, je schneller man vorging. Der Versuch, die Beine von der Unterlage aus anzubeugen, führte zu einer noch deutlicheren Zunahme der Muskelspannung.*

Spontanes Planen und Problemlösen: *Der Patient zeigte keine Ausführungsleistungen. Spontanes Planen und Problemlösen konnten also nicht beobachtet werden.*

Planungsstufe: *Durch die fehlenden Ausführungsleistungen des Patienten war eine Einstufung nicht möglich.*

Gedächtnis: *Etwaige Gedächtnisleistungen des Patienten konnten zum Aufnahmezeitpukt nicht beurteilt werden.*

Reaktionen des Patienten beim
a) beiläufigen Führen: *Schnelles Bewegen des Patienten sowie Bewegungen durch die Luft führten zu einem deutlicheren Anstieg der Muskelspannung als langsame Bewegungen über eine feste Unterlage. Beiläufig geführte Geschehnisse beschränk-*

ten sich in der Zeit der Befundaufnahme auf kleine Teilschritte innerhalb der Selbsthilfe. So wurde ihm z.B. der Waschlappen über die Hand gezogen und diese dann über den Körper mit kleinen Waschbewegungen geführt; die Hand mit der Zahnbürste darin zum Zähneputzen geführt; beim T-Shirt-über-den-Arm-streifen die Hand geführt.

b) pflegerischen Führen: *Bei den täglichen Verrichtungen wie Waschen, Anziehen, Windelwechsel, an der Bettkante aufsetzen, Transfer etc. wurde Herr A. pflegerisch geführt.*
Wir verwendeten Packs (Schaumstoffrechtecke) als stabile Seite, die besonders in höheren Ausgangsstellungen unbedingt nötig war. Bewegungen wurden langsam an der Unterlage/Seite durchgeführt. Die Spannung, insbesondere in den Extremitäten, ließ dabei nach. Wir beobachteten ebenfalls, daß bei der Informationssuche an der betreffenden Extremität die Spannung nachlassen konnte.
Beispiel: „das pflegerisch geführte Anziehen einer Hose“.
Auf der linken Seite wurde die Hose über den Fuß gestreift. Die anschließende Informationssuche zwischen Bein und Unterlage/Seite (Pack) ging bis zum Oberkörper/Arm hinauf. Ein Nachlassen der Spannung war spürbar. Darauf folgte das Überstreifen des Hosenbeins über den rechten Fuß und mit einem leichten Anbeugen des rechten Beines wurde das Hosenbein über die Ferse gestreift, das Bein anschließend auf die Unterlage wieder abgelegt. Hierbei war kein Widerstand spürbar.
Diese Reaktionen traten beim pflegerischen Führen regelmäßig auf. Wir schlossen daraus, daß es durch das pflegerische Führen zu einem Wechsel der Informationsquellen kam.

c) intensiven Führen: *Der Patient brauchte in höheren Ausgangsstellungen maximale Unterstützung, um nicht umzufallen. Sein Kopf mußte ständig gehalten werden, um nicht auf die geblockte Trachealkanüle zu drücken. Auch in halbliegender Position im Bett oder auf einer Therapiebank erwies sich das intensive Führen, bedingt durch das stark erschwerte Handling, als zu schwierig und aufwendig. Wir sahen zunächst von einer Beurteilung ab.*

Komplexeste Interaktionseinheit: *Dem Patienten konnten Gegenstände in direkte Nachbarschaft gebracht werden, z.B. die Zahnbürste in die rechte Hand gegeben werden. Herr A. kam pflegerisch oder beiläufig geführt zum „Umfassen“.*
Da keine verbale, non-verbale oder schriftliche Kommunikation mit dem Patienten möglich war, konnte eine entsprechende Aufarbeitung geführter Geschehnisse nicht erfolgen, bzw. nicht beurteilt werden. Wir beschränkten uns darauf, das jeweilige

Geschehnis kurz verbal zu kommentieren. Beispiel: Nachdem eine lange Hose angezogen war: „Jetzt hast du deine graue Hose an.“

3.) Was kann der Patient in Bezug auf seine Selbständigkeit?
Herr A. atmete spontan.

4.) Was kann der Patient nicht in Bezug auf seine Selbständigkeit?
Er konnte sich nicht bewegen, also nicht von sich aus seine Lage verändern. Er hatte weder Rumpf- noch Kopfkontrolle. Herr A. war bei allen Alltagsverrichtungen auf maximale Hilfe angewiesen.

5.) Wie ist der Tonus des Patienten?
Der Tonus im gesamten Körper war erhöht. Die linke Rumpfseite zog in Verkürzung, entsprechend war die rechte Seite verlängert. Der Kopf ließ sich gegen mittleren Widerstand nach links drehen und war frei nach rechts. Die Lateralflexion war ebenfalls nach links nicht frei. Der rechte Arm zeigte ein ausgeprägtes Streckmuster und ließ sich nur gegen starken Widerstand beugen. Der linke Arm wurde in einem Flexionsmuster gehalten und man spürte einen starken Widerstand in die Extension. Sein linkes Handgelenk wurde in Dorsalextension bei gefausteten Fingern gehalten. Wohingegen der rechte Arm in Flexion fixiert war und die rechte Hand im Handgelenk gebeugt wurde.
Es bestand in beiden Beinen ein ausgeprägtes Extensionsmuster mit Spitzfußstellung und Supination beider Füße.
Insgesamt überwog der Tonus in die Extension, wodurch eine sitzende Position mit Oberkörpervorlage erschwert war.

6.) Zeigt der Patient assoziierte Reaktionen?
Beim Husten, Gähnen und Bewegtwerden traten assoziierte Reaktionen im linken Bein und linken Arm auf. Der Strecktonus nahm zu. Im rechten Arm stieg die Beugespannung und im rechten Bein zeigte sich ein Muskelzittern.

7.) Hat der Patient Kontrakturen?
Es bestanden beidseits Kontrakturen der Sprunggelenke in Spitzfußstellung (links > rechts).

8.) Zeigt der Patient Gleichgewichtsreaktionen?
Herr A. zeigte in keiner Ausgangsstellung Anzeichen von Gleichgewichtsreaktionen.

9.) Wie liegt der Patient?
Herr A. konnte nur mit Unterstützung in beide Seitenlagen und in die Bauchlage kommen.

Bei der Lagerung auf die Seite mußte er durch Lagerungsmaterial abgestützt werden.
In der Bauchlage mußte der gesamte Körper mit Packs (Schaumstoffrechtecke) so unterlagert werden, daß die lang vorstehende Kanüle Raum zwischen zwei Packs hatte und nicht abgedrückt wurde.
In Rückenlage zeigte der Patient folgendes Erscheinungsbild:
Der LWS-Bereich war hyperlordosiert. Die linke Rumpfseite war verkürzt, entsprechend rechtsseitig verlängert. Das Becken war links nach ventral, rechts nach dorsal rotiert.
Sein Kopf war nach rechts geneigt und gedreht, was sich auf der Unterlage jedoch leicht verändern ließ.
Seinen linken Arm hielt der Patient im Extensionsmuster angespannt, die Finger waren gebeugt. Der rechte Arm war in der Schulter innenrotiert, adduziert und im Ellenbogengelenk ca. 110° gebeugt, so daß die leicht gebeugten Finger seiner rechten Hand die linke Schulter berührten. Beide Beine waren ausgestreckt, wobei sein linkes Bein stark in Extension angespannt war. Beidseits lag eine Spitzfußstellung vor (Plantarflexion und Supination).

2

10.) Wie sitzt der Patient, wie setzt er sich spontan hin?
Herr A. mußte passiv von zwei Personen aufgesetzt und gehalten werden. Freies Sitzen war nicht möglich. Die erste Person übernahm das Hochkommen mit dem Oberkörper, während die zweite Person beide Beine gebeugt aus dem Bett führte und darauf achtete, daß insbesondere das linke Bein nicht wieder ins Extensionsmuster spannte. Der Patient konnte mit beiden Beinen gebeugt sitzen, wenn er zuvor pflegerisch geführt, aufgesetzt wurde. Es kam jedoch öfters zu einer Tonuszunahme im linken Bein, so daß das Bein in Streckung geriet. Beide Füße berührten den Boden nur mit den Zehenspitzen.
Sein Becken war nach hinten gekippt, er drückte gegen ein in seinen Rücken gestelltes Pack nach hinten und hatte das meiste Körpergewicht über der rechten Hüfte. Sein linker Arm war innenrotiert, adduziert und so weit im Ellenbogen gebeugt, daß seine linke Hand auf Hüfthöhe auf seinem rechten Oberschenkel auflag. Dabei hielt er die linke Hand im Handgelenk angespannt in Dorsalextension mit gebeugten Fingern.
Den rechten Arm hielt er innenrotiert, im Ellenbogengelenk in ca. 120° gebeugt und supiniert, so daß seine gefausteten Finger, ebenso wie sein in Beugung fallender Kopf auf die Trachealkanüle drückten. Wurde der Kopf passiv aufgerichtet und in Mittelstellung gebracht, zog sein Kopf in leichte Lateralflexion und Rotation nach rechts. Bei Bewegungen aus der Mittelstellung heraus, spürte man einen leichten Widerstand gegen die Drehung nach links.

11.) Wie wird der Transfer durchgeführt?

Es wurde ein tiefer Transfer vom Bett in den Rollstuhl mit zwei Personen in mehreren Schritten durchgeführt. Beim Vorbeugen des Oberkörpers spürte man Widerstand. Herr A. hatte Schwierigkeiten, die Informationsquellen zwischen seinem Rücken und dem Pack zu verlassen. Deshalb legten wir zwei Kissen auf seine Oberschenkel und seinen Kopf auf unsere Schulter. Die Arme wurden gebeugt auf das Kissen gelegt. Auf diese Weise konnten wir seinen Oberkörper besser nach vorne beugen. Während die erste Person ihn nach vorne beugte, schob die zweite Person Herrn A. am Gesäß über die Unterlage in Richtung Rollstuhl. Zwischen den einzelnen Schritten des Transfers mußten die Füße nachgestellt werden, um ein Umknicken der Sprunggelenke zu verhindern. Herr A. konnte über beide Seiten umgesetzt werden.

Aus folgenden Gründen wählten wir diese Art des Transfers: Zum einen wollten wir vermeiden, daß der Patient in sein Extensionsmuster beim Verlassen der Unterlage geriet, zum anderen konnte, wegen der Gefahr des Umknickens, nicht das volle Körpergewicht auf die beiden Spitzfüße gebracht werden.

12.) Wie steht der Patient, wie steht er spontan auf?

Herrn A. wurden im Liegen zwei dorsale Gipsschienen angewickelt. Drei Personen waren notwendig, um ihn passiv hinzustellen. Eine Person nahm den Oberkörper und Kopf beim Hochkommen zum Sitz an der Bettkante, die beiden anderen führten die Beine aus dem Bett, stellten die Füße in der bestmöglichen Position auf dem Boden auf und verhinderten durch Gegenhalt an den Sprunggelenken, daß der Patient von der Bettkante rutschte. Der Therapeut am Oberkörper setzte sich nun hinter den Patienten in das Bett. Indem er schrittweise das Bett höher stellte, konnten die Füße entsprechend, ohne den Boden verlassen zu müssen, nach hinten gesetzt werden, bis der Patient annähernd senkrecht stand. Aus dieser Ausgangsstellung wurde Herr A. für den senkrechten Stand mobilisiert. Die zwei anderen Therapeuten korrigierten, soweit möglich, die supinierten Spitzfüße und die Innenrotation des linken Beines. Das senkrechte Stehen war nur für wenige Minuten möglich. Linksseitig zeigte sich ein deutliches Extensionsmuster des Armes mit adduzierter Schulter, wohingegen der rechte Arm in leichter Flexion im Ellenbogen und leichter Abduktion im Schultergelenk gehalten wurde.

In der ersten Zeit wurde mit Herrn A. unter Monitorüberwachung im Zimmer gestanden.

13.) Wie geht der Patient?
Herr A. konnte nicht gehen.

14.) Wie fährt der Patient im Rollstuhl?
Zum passiven Transport zwischen Zimmer und Therapieräumen wurde Herr A. in einen Aktiv-Rollstuhl mit hohem Rückenteil gesetzt. Auf dem Rollstuhltisch erhöhten zwei Packs die Armauflage und gaben dem instabilen Rumpf des Patienten von vorne mehr Halt. Zusätzlich mußte die symmetrische Rumpfaufrichtung vom Therapeuten seitlich gestützt werden.
Für Spazierfahrten mit den Angehörigen wurde er in einen Pflege- oder Passiv-Rollstuhl gesetzt, um eine bessere passive Unterstützung gewährleisten zu können. Zusätzlich wurde ihm ein festes Schlauchkissen um den Oberkörper gelegt, um seinen Armen mehr Auflagefläche zu geben. Um den Angehörigen die Haltearbeit an Kopf und Rumpf abzunehmen, konnte der Rollstuhlsitz in sich nach hinten gekippt werden.

Befund des Facio-Oralen Traktes 9.-12.11.95

Kommunikation: *Weder non-verbale noch verbale Kommunikation waren mit Herrn A. möglich.*

Visueller Befund des Gesichtes und des Mundes:
Ausgangsstellung: Langsitz
Sein rechtes Auge war geschlossen (Ptose). Über dem rechten Auge verlief eine ca. 3 cm lange Narbe. Gelegentlich verschob er den Unterkiefer zähneknirschend nach rechts und fixierte ihn dort für eine Weile. Der Kiefer ließ sich jedoch passiv wieder lösen.
Sein Gesicht zeigte keine Asymmetrien.
Speichel lief dem Patienten von Zeit zu Zeit in größeren Mengen aus dem Mund. Zungenbewegungen waren nicht zu beobachten.
Im Mund zeugten Bißmarken an der rechten Unterlippe und in der linken Wange von zeitweise starkem Tonus in den Kieferschließern.
Seine Zähne waren in gutem und gepflegtem Zustand, das Zahnfleisch - soweit erkennbar - gut durchblutet. Der Mundinnenraum konnte nicht ausführlich untersucht werden, da Herr A. den Mund spontan nur beim Gähnen öffnete. Mit Hilfe von Fazilitation war es möglich, seinen Mund ca. 1 cm zu öffnen. Seine Zunge war leicht belegt und lag breit und plump im Mund.

Taktiler Befund des Gesichtes und des Mundes:
Ausgangsstellung: Langsitz

Der Patient reagierte auf die taktile Untersuchung des Gesichtes und des Mundes mit Überempfindlichkeitsreaktionen. (Wir vermuteten, daß er aufgrund seines komatösen Zustandes die Verrichtungen an ihm und um ihn herum nicht einordnen konnte.) Der Tonus in den Armen stieg und er drehte den Kopf weg. Die Reaktion war um so ausgeprägter, je zentraler man sein Gesicht bzw. seinen Mund berührte. Das äußere Gesicht zeigte normale Tonusverhältnisse. Der Wangentonus war beidseits erhöht, rechtsseitig stark, linksseitig leicht.
Zunge und Zungengrund fühlten sich eher weich und hypoton an.

Schluckakt:

Zur Beurteilung des Schluckens wurde die Trachealkanüle entblockt, um die hemmende Wirkung auf die Beweglichkeit des Rachen- und Kehlkopfbereiches zu mindern. Während der Zahnfleischstimulation kam es zu Schmatzautomatismen. Zunge und Kiefer konnte der Patient nur zusammen bewegen. Er schluckte seinen Speichel erst nach längerer Fazilitation, dabei stieß die Zunge leicht nach vorne. Trotz der Kanüle war keine augenfällige Einschränkung der Kehlkopfelevation festzustellen. Dadurch war jedoch nicht ausgeschlossen, daß sich die Kanüle als mechanisches Hindernis auswirkte, besonders wenn sie geblockt war.
Hinweise auf Aspiration seines Speichels ergaben sich klinischerseits nicht. Sein Atem klang geräuschlos und nicht belegt. (Ein brodelndes, „feucht“ klingendes Geräusch beim Atmen hätte als Aspirationszeichen gewertet werden können.) Ebenso gab es klinischerseits vorläufig keine Hinweise auf Sensibilitätsprobleme im Rachen- und Kehlkopfbereich.
Eine abnormale Reflexaktivität, wie z.B. Saug- oder Beißreflex, war nicht zu beobachten.
Der Hustenreflex war vorhanden, erschien jedoch - abgesehen vom Reiz, den das gelegentliche Absaugen unterhalb der Kanüle hervorrief - nicht effizient genug. Nach dem Husten erfolgte kein spontanes Schlucken.
Herr A. war in der prä-oralen, oralen und pharyngealen Phase maximal beeinträchtigt. Zur Beurteilung und Entwicklung der Schlucksequenz siehe auch Punkt 2.7.1.

Eine apparative Diagnostik, wie z.B. die Rhinolaryngoskopie oder die Videofluoroskopie, war aus unserer Sicht zum gegenwärtigen Zeitpunkt nicht erforderlich.

2.4 Erster Behandlungsabschnitt Erarbeitung von Grundvoraussetzungen zur oralen Nahrungsgabe

09.11.95-25.03.96

2

Aus der Befundaufnahme ergaben sich die nachfolgenden Hauptprobleme:

1) Tonus:
   a) Abnormale Tonuserhöhung
      Verstärkung der Tonuserhöhung bei passivem Bewegtwerden ohne vorherige Suche nach Spürinformationen, die auf taktil-kinästhetische Wahrnehmungsstörungen schließen läßt
   b) Keinerlei Rumpf- und Kopfkontrolle
   c) Keinerlei Willkürmotorik
2) Kontrakturen in beiden Sprunggelenken
   Kontrakturgefährdung der anderen Gelenke
3) Geblockte Trachealkanüle
4) Überempfindlichkeit des Gesichts- und Mundbereiches

Aus den Hauptproblemen ergaben sich folgende Ziele:

Zu 1) Tonusregulierung
   a) Angepaßter Tonus bei passivem Bewegtwerden
   b) Aufbau von Rumpf- und Kopfkontrolle
   c) Willküraktivität

Zu 2) Freie Beweglichkeit beider Sprunggelenke bis mindestens 90°, Kontrakturprophylaxe der anderen Gelenke

Zu 3) Silberkanüle, Dekanülierung, Speichelschlucken, effektives Husten

Zu 4) Verbesserung der Toleranz gegenüber Berührungen im Gesicht und Mund; Entwicklung von Verständnis für die alltäglichen Grundverrichtungen, wie z.B. die Mundhygiene

Die Punkte 1 und 4 gehören zu dem übergeordneten Ziel der Reorganisation der Wahrnehmungsleistungen.

Vorüberlegungen zum Behandlungsplan bei Therapiebeginn:

Aufgrund der vegetativen Instabilität des Patienten sollte er vorläufig überwiegend im Zimmer mit Monitorüberwachung behandelt werden.
Es mußte davon ausgegangen werden, daß der Bezug zwischen seinem Körper und der Umwelt sehr stark gestört war. Dies hat erfahrungsgemäß einen großen Einfluß auf die Ausprägung abnormaler Tonusverhältnisse.
Durch die bestehenden Kontrakturen beider Sprunggelenke und die abnormalen Tonusverhältnisse drohte eine weitere Ausprägung der Kontrakturen.
Primäre Bedeutung käme deshalb zum einen der Qualität der Lagerungen zu, zum anderen der Art, **wie** er berührt und bewegt würde.
Um den Patienten in höheren Ausgangsstellungen behandeln zu können, würden für die Behandlungen zwei, für das Stehen drei Therapeuten erforderlich sein. Soweit organisatorisch möglich, müßten die ergo- und physiotherapeutischen Stunden aus folgenden Gründen hintereinandergelegt werden:

1. Vermeidung von Zeitdruck, z.B. beim therapeutischen Waschen und Anziehen;
2. Ausnutzen der dann bereits angepaßten Tonusverhältnisse in einer weiteren Therapiestunde;
3. Sinnvoller Übergang von einem Geschehnis zum nächsten.

Von seiten der Ergotherapie sollte zunächst 3/4 der vorhandenen Behandlungskapazität auf die Therapie des Facio-Oralen Traktes verwendet werden, da es realistisch erschien, daß der Patient in absehbarer Zeit über eine Silberkanüle atmen würde. 1/4 der Behandlungskapazität sollte auf die ADLs (Activities of daily living /Aktivitäten des täglichen Lebens), wie z.B. das therapeutische Waschen und Anziehen, verwendet werden.
Aus physiotherapeutischer Sicht mußte zur Einschätzung der Kontrakturen beider Sprunggelenke und der Tonusentwicklung täglich mit dem Patienten gestanden werden. Eine redressierende Gipsserie zur Behandlung der Kontrakturen erschien in Zukunft erforderlich.
Diese sollte jedoch zeitlich etwas zurückgestellt werden, um den Patienten mit seinem Potential zum einen besser kennenzulernen und ihm zum anderen die Möglichkeit zu geben, mit der Art unseres Handlings vertraut zu werden.

Maßnahmen:

- Beiläufig und pflegerisch geführter Einsatz des ganzen Körpers in den ADLs;
- Pflegerisch geführte Lagewechsel in physiologischen Bewegungsmustern;
- Kontrakturbehandlung und Mobilisation, u.a. durch tägliches Stehen mit Gipsschienen;
- Erarbeiten der bestmöglichen Sitzposition zur Hemmung des Extensionsmusters;
- Berühren und Bewegen der Hände im Behandlungsrahmen des Facio-Oralen Traktes;
- Einbezug der Hände in die prä-orale Phase;
- Anwendung der Kieferkontrollgriffe, u.a. für die Stabilität des Kiefers;
- Mundstimulation unter Berücksichtigung der Überempfindlichkeit und zur Vorbereitung vor dem Zähneputzen;
- Entblockungsversuche der Kanüle, Abdeckversuche in sitzender Ausgangsstellung bei korrigierter Kopfposition und Atemunterstützung.

Erste Behandlungsstunde
Ergo- und Physiotherapeutin behandeln den Patienten gemeinsam

Herr A. wurde **am 09.11.1995** zur neurologischen Frührehabilitation im Therapiezentrum aufgenommen und in ein Intensivzimmer gelegt.
Am Aufnahmetag standen ärztliche und pflegerische Maßnahmen im Vordergrund. Der arterielle Zugang in der linken Leiste wurde entfernt und mit einem Druckverband versorgt.
Der Patient wurde monitorüberwacht.
An diesem Tag begleitete die Ergotherapeutin die Stationsärztin zu Herrn A. und konnte bei deren Untersuchung die im Aufnahmebefund unter 1.b) beschriebenen ersten Eindrücke sammeln. Nach Abschluß der ärztlichen Aufnahmediagnostik begann am nachfolgenden Tag die Behandlung durch die zuständigen Ergo- und Physiotherapeuten. Als sie am Morgen zu Herrn A. ins Zimmer kamen, war er auf der linken Seite gelagert, hatte beide Augen geschlossen und reagierte nicht auf Ansprache. Obgleich er zu schlafen schien, zeigten seine Beine eine erhöhte Spannung. Ziel dieser ersten Stunde war es, Herrn A. an der Bettkante aufzusetzen, mehr über seine Haltungs- und Bewegungsmöglichkeiten zu erfahren und seinen Mund zu untersuchen. Aufgrund der bereits sichtbar erhöhten Spannung in seinen Beinen entschieden sich die beiden Therapeuten, den Abbau der Lagerungsmate-

rialien pflegerisch geführt vorzunehmen. Damit beabsichtigten sie, den Patienten von der ersten Berührung an in das Geschehnis einzubeziehen und ihm somit ein sicheres Gefühl zu geben.
Nachdem sich die Therapeuten noch einmal vorgestellt hatten, sagten sie ihm, was sie zu tun beabsichtigten. Die nötigen Absprachen zwischen beiden Therapeuten erfolgten in einer ruhigen, konzentrierten Atmosphäre. Die Spannung in seinen Beinen nahm beim Wegnehmen der einzelnen Kissen und Packs zunächst zu. Nachdem das rechte Bein des Patienten leicht gebeugt nur noch auf einem Pack lag, und er sein linkes Bein stärker mit Spannung in Innenrotation und Adduktion streckte, wurden zunächst beide Beine in mehr Hüftbeugung geführt, um dann auch das linke Bein leichter im Knie beugen zu können. Bei diesem Vorgang bewegten wir sein rechtes Bein mit dem Pack zusammen. Dies geschah zum einen, um die stabile Unterlage nicht verlassen zu müssen und zum anderen, um die hemmende Abduktion in der Hüfte gegen das Streckmuster nicht aufgeben zu müssen. (Abb. 1 u. 2)
Nachdem rechtsseitig eine Hüftbeugung von ca. 90° erreicht war und das linke Bein bis zum Kontakt mit der ventralen Oberschenkelseite am Pack mitgeführt wurde, holten wir den Oberkörper des Patienten etwas näher zu uns heran. Daraufhin konnte sein rechtes Bein noch weiter angebeugt werden. Erst als wir jetzt den ganzen Körper des Patienten durch Vorziehen am Gesäß in Beugung führten, konnte sein noch immer maximal gestrecktes linkes Knie langsam in Beugung geführt werden. Nun ließen sich beide Beine in 90° Hüft- und Knieflexion übereinander führen, so daß das letzte Pack entfernt werden konnte.
Vorbereitend für die nachfolgende sitzende Position stellten wir einen großen Schaumstoffwürfel in das Bett, der durch das uns gegenüber liegende Bettgitter gehalten wurde. Ein Therapeut führte die gebeugten Beine des Patienten näher an die Bettkante. Danach ließ der andere das Bett in der Höhe herunterfahren und stellte das Kopfteil etwas höher. So war es zum einen für den Therapeuten leichter, den Oberkörper des Patienten hochzunehmen, zum anderen wurde die Unterlage durch das Hochstellen des Kopfteiles zur stabilen Seite und mußte für das Erreichen der Senkrechten nur kurz verlassen werden. Erst während des Aufsetzens öffnete J. A. sein linkes Auge. Ein weiteres Pack mußte vor den Würfel geschoben werden, damit Herr A. daran angelehnt von der sich auf den Würfel setzenden Therapeutin gehalten werden konnte. Im Sitzen bot der Patient das Bild, das unter Pkt. 10 im Aufnahmebefund beschrieben wurde (Abb. 3).

Im weiteren Verlauf der Stunde interessierte die Therapeuten, ob ein Tisch zur Armauflage vor dem Patienten zur Erhöhung des taktilen Inputs, die hohe Muskelspannung im ganzen Körper beeinflussen würde. Die klinische Erfahrung läßt auf

einen Zusammenhang zwischen stabiler Umwelt und einer Tonusnormalisierung schließen. Die Tonusnormalisierung entsteht als Reaktion auf taktilen Input im Sinne eines Wechsels der Informationsquellen.
Ein Tisch wurde vor den Patienten geschoben. Ein Therapeut setzte sich vor den Patienten auf den Tisch und konnte ihm so am Oberkörper rechts und linksseitig Halt mit den eigenen Beinen geben. Diese Position erlaubte auch die Arbeit an den Schulterblättern, der Rumpfrotation und der Gewichtsverlagerung von rechts nach links. Beide Arme des Patienten konnten nach vorne gebracht werden und seitlich neben den Oberschenkeln des Therapeuten auf dem Tisch abgelegt werden. Den Kopf des Patienten konnte der Therapeut, wenn er sich vorbeugte, mit seinem Brustbein stützen. Die Spannung insbesondere der oberen Extremität ließ deutlich nach. Die gefausteten Finger der linken Hand öffneten sich. Der zweite Therapeut setzte sich erneut hinter den Patienten auf das Pack und schob seinem Kollegen ein Kissen auf die Oberschenkel, so daß der Kopf des Patienten darauf seitlich abgelegt werden konnte, und die Kanüle frei blieb (Abb. 4). Nun konnte er mit der Untersuchung des Gesichtes und des Mundes beginnen.
Auch wenn diese Ausgangsstellung für die Arbeit im Gesicht und im Mund nicht optimal war, konnten doch erste Befunde zu Tonus, Sensibilität und zum Schluckakt gemacht werden. Sie sind dem „Taktilen Befund des Mundes" zu entnehmen. Am Ende dieser Stunde wurde Herr A. zurück ins Bett gelegt und auf der rechten Seite gelagert.

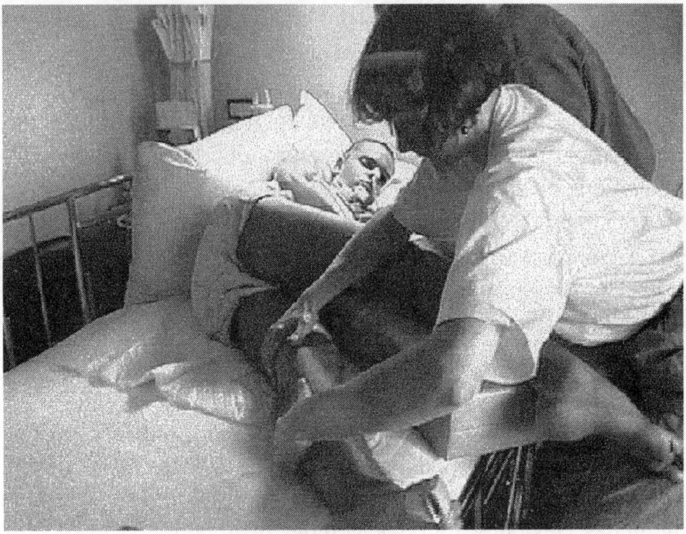

Abb. 1 (Videoprint): Vorbereitung zum Sitz an der Bettkante: Der Strecktonus beider Beine ist noch sehr hoch. Das rechte Bein liegt noch auf der Unterstützungsfläche, einem stabilen Pack.

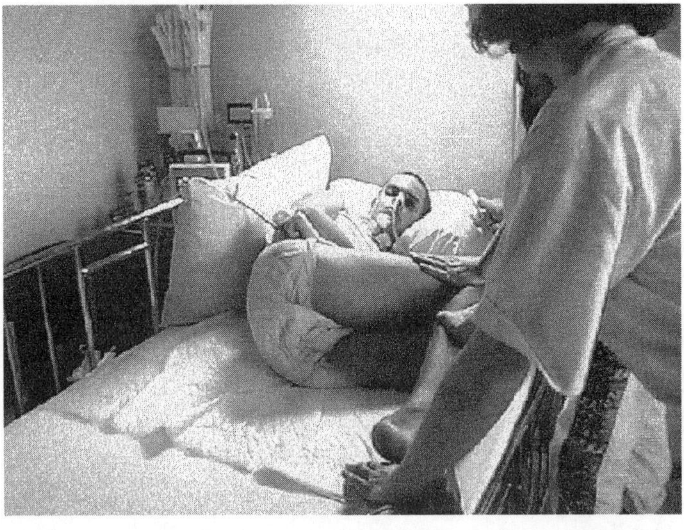

Abb. 2 (Videoprint): Beide Beine lassen sich bei verstärkter Hüftbeugung langsam im Knie anbeugen und das Pack kann entfernt werden.

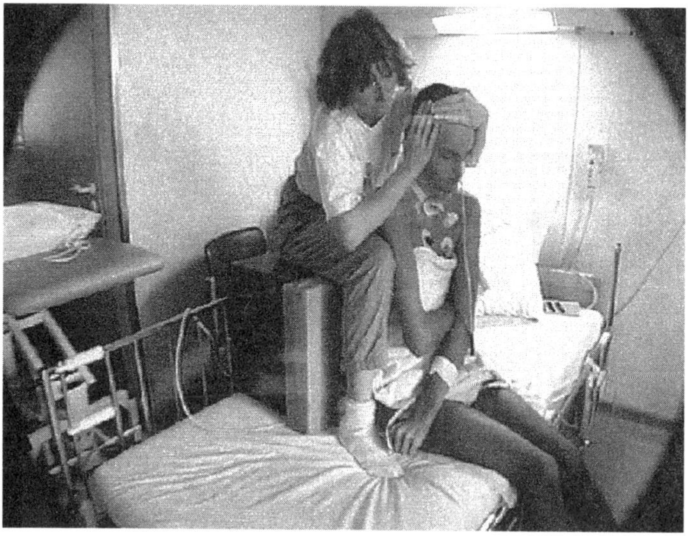

Abb. 3 (Videoprint): Unkorrigierter Sitz an der Bettkante: Ein deutliches Streckmuster im linken Arm und Bein ist vorhanden. Es besteht keinerlei Kopf- und Rumpfkontrolle.

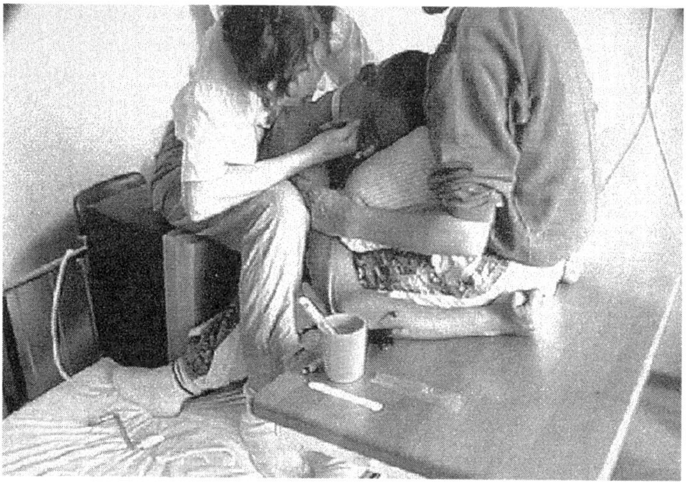

Abb. 4 (Videoprint): Sitzende Ausgangsstellung mit stabiler Armauflage am Tisch: Das Streckmuster wird gehemmt, der Kopf liegt auf einem Kissen, der Rumpf ist symmetrisch ausgerichtet. Der zweite Therapeut sichert von vorne. Jetzt kann die taktile Untersuchung des Mundes stattfinden.

Behandlungsaufbau

Im Vordergrund der ergotherapeutischen Arbeit stand zunächst die Erarbeitung einer geeigneten Ausgangsstellung für die Arbeit im Gesichts- und Mundbereich. Dazu mußte das überwiegend in Extension fixierte Haltungsmuster des Patienten gehemmt werden.

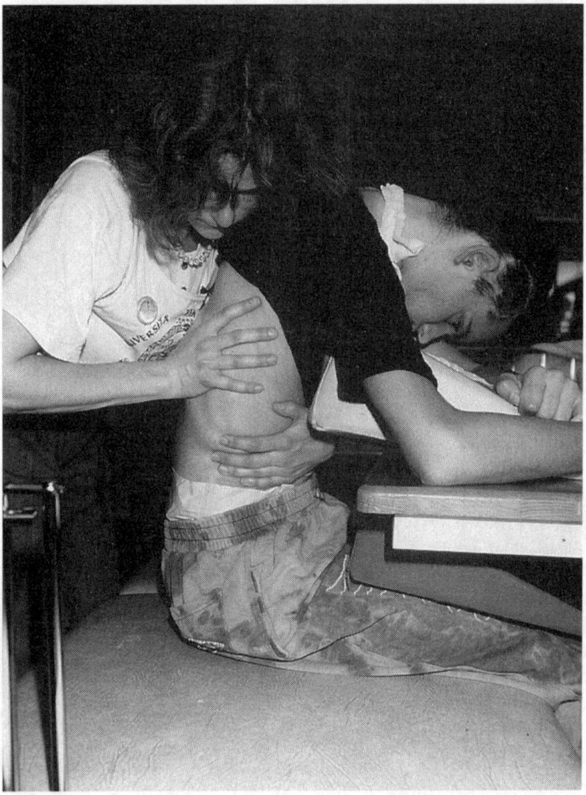

Abb. 5: Frühe Arbeit an der Hemmung des Extensionsmusters: Die Vorlage am Tisch wird erarbeitet. Die Rumpfverlängerung rechts wird gehemmt.

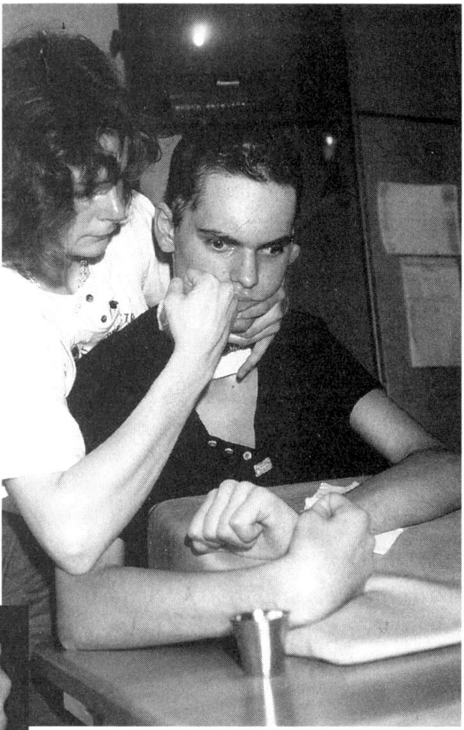

Abb. 6: Anschließend wird der Mund bei Kieferkontrolle von der Seite und guter Rumpfaufrichtung stimuliert.

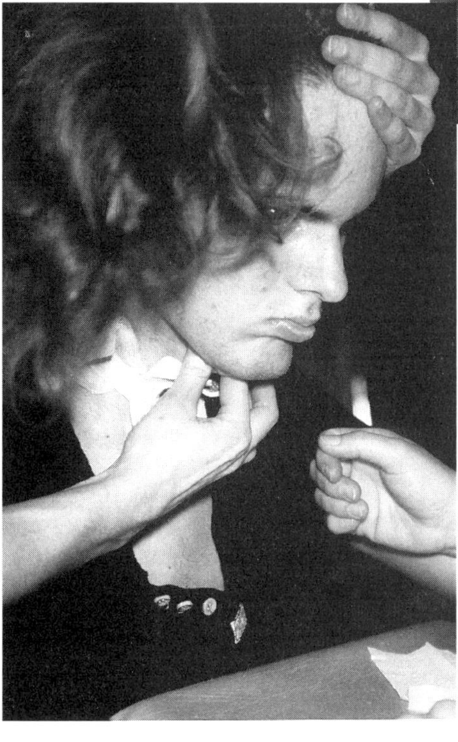

Abb. 7: Danach wird das Schlucken fazilitiert.

Die Geschehnisse innerhalb einer Therapiestunde variierten und hingen stets mit dem Kontext einer Situation zusammen, z.B. Haarebürsten im Anschluß an das Waschen und Anziehen.

Als bestmögliche **Ausgangsstellung** erwies sich eine halbsitzende Lagerung auf einer Therapiebank: Herr A. wurde zunächst auf eine Seite gedreht, so daß ihm ein dickes Kissen längsseitig dicht an den Rücken geschoben und er daraufhin über das Kissen auf die andere Seite gedreht werden konnte. Ein zweites Kissen wurde ebenfalls längsseitig an den Rücken geschoben und Herr A. dann auf den Rücken zurückgedreht, so daß er jetzt auf beiden, leicht gekreuzten Kissen lag, seine Schultern in hemmender Protraktion und die Wirbelsäule in leichter Flexion. Ein drittes, kleineres Kissen war erforderlich, um eine gute Mittelstellung des Kopfes bei langem Nacken zu sichern.

Abb. 8: Angenäherter Langsitz auf der Therapiebank: Das Extensionsmuster wird durch Protraktion der Schultern, Armflexion und Flexionskomponenten an Hüfte und Beinen gehemmt. Der lange Nacken und die leicht flektierte Kopfhaltung in Mittelstellung schaffen günstige Voraussetzungen zum Schlucken.

Wir schoben einen Schaumstoffkeil mit der schmalen Seite voran unter das Gesäß des Patienten, dessen Beine angebeugt auf der Matratze standen.
Eine Therapeutin begann nun das Kopfteil der Bank hochzustellen, während eine zweite Person mit beiden Händen seitlich am Becken von Herrn A. verhinderte, daß er nach vorne rutschte. Bei einer Hochlagerung des Rumpfes von ca. 70° war der Oberkörperschwerpunkt weit genug nach vorne verlagert, so daß der Patient mit dem Gegenhalt des Keiles nicht nach vorne rutschen konnte. Zwei dicke Kissen unterlagerten die Knie, so daß seine Beine in Hüftbeugung und guter Abduktion entspannt liegen konnten und eine ausreichende Hemmung des Extensionsmusters erreicht war.
Beide Knieaußenseiten hatten stabilen Kontakt zu seitlich begrenzenden Packs.
Beide Arme wurden mit Kissen unterlagert.

Die Therapeutin berührte zunächst die **Hände** des Patienten mit festem Druck und beobachtete seine Reaktionen. Unter Anwendung der Prinzipien des pflegerischen Führens versuchte sie dann, seine rechte Hand zu seinem Gesicht zu bewegen, bis er seine linke Wange berührte. Nachdem dies möglich war, bewegte sie seine Hand langsam von seiner Wange fort und führte sie an ihre eigene Wange.
Auf diese Weise spürte Herr A. zunächst sich selbst - hier war er - und dann die Therapeutin - dort war sie, ein anderer Mensch.
Im Verlauf des pflegerischen Führens ließ auch die Spannung im linken Arm nach, den er bislang gebeugt an den Körper drückte. Der gleiche Vorgang konnte mit der linken Seite wiederholt werden.
Dann bekam Herr A. eine Bürste zunächst in die eine, dann in die andere Hand. Er wurde dabei geführt, seine Haare zu kämmen.

Nach diesen distalen Vorbereitungen auf die Arbeit im Gesicht und Mund wurde die **geblockte Trachealkanüle** durch eine Pflegekraft und die Therapeutin entblockt. Das Entblocken der Kanüle erfolgte nach einer bestimmten, hier nicht näher beschriebenen Vorgehensweise. Ein Absaugkatheter lag ohne Sog in der Kanüle, um Speichel, der sich möglicherweise auf dem Ballon aufgestaut hatte, sofort absaugen zu können. Dies wurde nicht erforderlich, da sich kein Speichel aufgestaut hatte, der Absaugkatheter wurde entfernt.

Anschließend erfolgte die **taktile Stimulation des Gesichtes und Mundes.**
Jetzt berührte die Therapeutin das Gesicht des Patienten in einer organisierten Reihenfolge mit ihrer Hand. Während der ganzen Zeit beobachtete sie, ob Herr A. zwischendurch spontan schluckte. Dies war nicht der Fall.

Ein Becher mit warmem Wasser stand bereit und wurde Herrn A. zwischen die Hände auf den Bauch gegeben. Seine Finger wurden in das Wasser getaucht. Der Becher in seinen Händen und die gespürte Information, daß Wasser darin war, sollten dem Patienten helfen, dem Geschehen zu folgen.

Die Therapeutin feuchtete ihren kleinen Finger an und schob ihn von zentral kommend zwischen die Lippen des Patienten an seine vorderen Schneidezähne. Herr A. zog den Kopf vermehrt zur linken Seite, was als Überempfindlichkeitsreaktion interpretiert werden mußte. Die Therapeutin ging mit der Bewegung mit und behielt den Kontakt bei. Mit ihrer anderen Hand unter dem Nacken des Patienten drehte sie seinen Kopf wieder in Mittelstellung. Erst jetzt konnte die Stimulation des Mundes fortgesetzt werden, indem dreimal mit konstantem Druck langsam am Zahnfleisch entlanggestrichen, die Wange behutsam gedehnt, und wieder aus dem Mund herausgegangen wurde.

Mit unterstützendem **Kieferkontrollgriff** von vorne fazilitierte sie dann von außen am Zungengrund das Schlucken. Nach mehrmaligen Versuchen kam Herr A. einmal zum Schlucken seines Speichels. Auf diese Weise wurden alle vier Seiten des äußeren Mundraumes stimuliert. Eine leichte Mundöffnung ließ sich fazilitieren, so daß mit einem Watteträger leichter Druck auf die Zunge ausgeübt werden konnte. Nach dieser tonusnormalisierenden Stimulation kam Herr A. mit Unterstützung schneller zum Schlucken. Das Schlucken hörte sich leise an und es bestand trotz der Trachealkanüle keine nennenswerte Einschränkung der Kehlkopfelevation.
Im Anschluß an eine solche Therapiestunde wurde die Kanüle wieder geblockt und Herr A. wurde entweder gelagert oder an die nachfolgende Physiotherapie übergeben.

Kanüle, Atmung, Schlucken

Die Erarbeitung der Ausgangsstellung war sehr zeitintensiv und erforderte anfangs oft 30 Minuten und mehr von einer sechzigminütigen Therapieeinheit. Ziel der Arbeit bestand in dem Aufbau eines Bezuges zwischen Hand-Gesicht und Hand-Mund. Darin eingeschlossen war der Abbau der Überempfindlichkeit von Gesicht und Mund. Bei entblockter Kanüle kam dem Schluckakt besondere Bedeutung zu, denn es ging hauptsächlich um die Einschätzung einer möglichen Aspirationsgefahr. Damit verbunden war die Entscheidung, ob die Kanüle dauerhaft entblockt und in eine Silberkanüle umgetauscht werden konnte.

Da es unseres Erachtens zu keiner Aspiration von Speichel kam, wurde Herrn A. in Absprache mit dem Arzt am **24.11.** eine ungeblockte Silberkanüle eingesetzt. Nach erfolgter problemloser Umstellung begannen wir damit, die Kanüle in den Ergotherapiestunden abzudecken.
Dazu arbeiteten wir zu zweit in der bereits beschriebenen Ausgangsstellung.
Ein Therapeut unterstützte Herrn A. seitlich am Brustkorb bei der Ausatmung. Nach einer Weile ruhiger und gleichmäßiger **Atmung** kündigten wir ihm an, daß er nach dem nächsten Atemzug durch die Nase wieder ausatmen würde. Nach erfolgter Einatmung deckte die zweite Therapeutin mit ihrem Finger und einer darum gewickelten Gaze die Kanüle zu.
Herr A. atmete über die Nase aus und die Therapeutin löste ihren Finger wieder von der Kanüle.
Die Schwierigkeit beim Abdecken einer Kanüle besteht darin, daß der Patient daraufhin mit größerer Anstrengung atmen muß, um den längeren Totraum zu überwinden.
Das kann Angst auslösen und zu Tonusaufbau führen. Deshalb ermöglichten wir Herrn A. zunächst die leichtere Einatmung über die Kanüle und deckten sie erst danach zu, damit er dann die ausströmende Luft durch die Nase spüren konnte, ohne möglicherweise Atemnot zu entwickeln.
Nachdem diese Versuche ohne Probleme durchführbar waren, ließen wir die Kanüle auch zur Einatmung verschlossen und öffneten sie erst nach 2-3 Atemzügen wieder.
Nach einigen Tagen problemloser Abdeckversuche kam es dann jedoch zu sehr angestrengter Atmung. Eine daraufhin durchgeführte Rhinolaryngoskopie zeigte eine Schwellung des Hypopharynx.
Mehrfache Umstellungen der Kanüle von Silber- auf Kunststoffkanüle bestätigten den Verdacht auf eine allergische Reaktion auf die Silberkanüle.
Nach Abklingen der Symptomatik unter Antibiotika nahmen wir die Abdeckversuche der Plastikkanüle wieder auf und Herr A. konnte am **31.01.96** dekanüliert werden. Das Tracheostoma wuchs von alleine zu.
Von diesem Zeitpunkt an konnte man gelegentlich einen Ton hören („mmm"), den Herr A. von sich gab. Für uns war dies ein erster Hinweis auf die Funktionsfähigkeit seiner Stimmlippen.

Erste Veränderungen in Richtung Aktivität

Am **7.12.95**, gut 2 Monate nach seinem Unfall, beobachteten wir im Rahmen der morgendlichen Therapiestunde „Waschen und Anziehen" die ersten motorischen Aktivitäten bei Herrn A. Herr A. wurde pflegerisch geführt an der Bettkante aufgesetzt. Vor ihn wurde ein Tisch geschoben, zu dem er allerdings keinen Bauchkontakt hatte, da er sich wegen der heruntergelassenen Bettgitter nicht näher

an den Patienten heranschieben ließ. Der Therapeut saß auf einem großen Pack hinter ihm und beendete gerade das geführte Anziehen des T-Shirts. Bei mehreren Versuchen, den gebeugten Kopf von Herrn A. zwischendurch passiv aus der Mittelstellung zu heben, kam es zuvor jedesmal zum Tonusanstieg in den Armen. Wurde sein Kopf jedoch aus einer Rotationsstellung heraus hochgenommen und in Mittelstellung gebracht, kam es nicht zu einer Tonuszunahme. Als der Tisch vor ihm weggeschoben wurde, streckte Herr A. auf einmal sein rechtes Bein maximal aus. Die Spannung ließ soweit nach, bis sein Fuß langsam wieder den Boden mit der Fußspitze berührte. Bis zu diesem Moment hätte man noch von einem nicht zielgerichteten, unkontrollierten Strecken des Beines im Sinne des Extensionsmusters mit anschließendem Nachlassen ausgehen können. Dann aber beugte er sein Bein, mit der Fußspitze am Boden, in mehreren kleinen Schritten an. Dieses Verhalten wiederholte sich mehrere Male. In der selben Stunde beobachteten wir minimale Vor- und Rückwärtsbewegungen seiner rechten Schulter.
Am selben Tag kam es gegen Ende einer anderen Therapiestunde zu starkem Strecktonus in beiden Beinen, der sich nur kurzfristig durch mehr Hüftflexion hemmen ließ. Eine Kontrolle der Windel zeigte, daß diese naß war. Nachdem er eine frische Windel angezogen bekommen hatte, verhielt er sich wieder ruhig, das heißt, es kam nicht wieder zu einem starken Strecken der Beine. Zu diesem Zeitpunkt begann auch die Kontinenzentwicklung, die im Gesamtverlauf zur vollständigen Stuhl- und teilweisen Harnkontinenz führen sollte.

Ende Dezember begann Herr A., auch seinen rechten Arm im Ellenbogengelenk zu beugen und zu strecken. Gleichzeitig öffnete und schloß er die Finger seiner rechten Hand. Keine Bewegung hingegen zeigte sich im Handgelenk, das er in Beugung hielt. Seine Bewegungen waren nicht auf ein erkennbares Ziel gerichtet.

Neue Ausgangsstellung, neue Therapieinhalte
Herr A. wurde jetzt vermehrt im Sitzen auf einem normalen Stuhl behandelt, dessen Sitz wegen der Größe des Patienten mit einem Pack erhöht wurde.
Die beginnende aktive Rumpfaufrichtung ließ sich im Sitzen besser fördern, ebenso wie die Arbeit am normalen Schluckakt im Sitzen bessere Voraussetzungen für die **prä-orale, orale und pharyngeale Phase** bot.

Nach der Dekanülierung begannen wir, Herrn A. immer häufiger festes Obst oder Gemüse in Gaze gewickelt zum Kauen anzubieten.
Viel Zeit beanspruchte dabei die Vorbereitung in der prä-oralen Phase, die von besonderer Bedeutung sowohl für einen zielgerichteten Einsatz beider Hände als auch für den Aufbau von Verständnis für das Geschehnis war.

Die Behandlung begann stets dort, wo sich der Patient gerade befand, z.B. in seinem Zimmer, in seinem Bett oder auf einer Therapiebank im interdisziplinären Therapieraum im Anschluß an die Physiotherapie. Das „Handling" von Herrn A. forderte große Aufmerksamkeit, da schnelles Arbeiten genauso wie die Vernachlässigung tonushemmenden Vorgehens zu einem ausgeprägten Extensionsmuster des Patienten führten.

Es wurde in sinnvollem Geschehniskontext, z.B. beim Aufsetzen und beim Transfer, viel über Rotation und Gewichtsverlagerung gearbeitet.

Im Sitzen boten zusätzliche Packs auf dem Tisch einen stabilen Kontakt von vorne an Bauch und Brust. Dies erleichterte es dem Patienten, mit dem Oberkörper vorne zu bleiben.

Eine gute Oberkörperaufrichtung mit leichter Vorlage wiederum ermöglichte eine gute passive Kopfaufrichtung und Bewegung des Kopfes.

Zu den prä-oralen Vorbereitungen für das Kauen in Gaze gehörten z.B. das gemeinsame Öffnen einer Flasche Apfelsaft und Einschenken in einen Becher. In diesen Saft konnte dann später ein Stück des gemeinsam durchgeschnittenen Apfels, der in Gaze gewickelt war, eingetaucht werden, um es dem Mundmilieu entsprechend anzufeuchten.

Das angefeuchtete Gazestück mit dem Kaugut wurde in den Mund zwischen Wangentasche und Zähne/Zahnfleisch des Patienten gebracht. Mit leichten, kreisenden Bewegungen von außen wurde das Kauen fazilitiert. Ein anderes Mal wurde Herr A. in der prä-oralen Phase dabei geführt, das Kaugut selbst zum Mund zu führen. Er öffnete den Mund gerade soweit spontan, daß das Kaugut zwischen den Zähnen plaziert werden konnte. Herr A. konnte mit Hilfe des Apfelstückes in Gaze zu Kaubewegungen kommen und zeigte laterale Zungenbewegungen abhängig davon, auf welcher Seite sich das Kaugut befand. Ansatzweise beobachteten wir auch Versuche, das Apfelstück von einer auf die andere Seite zu transportieren, aber die Koordination zwischen Zunge, Kiefer und Lippen gelang noch nicht entsprechend. Herr A. kaute mit offenem Mund. Während des Kauens lief ihm ein Teil des Speichels und des Saftes aus dem geöffneten Mund. Dennoch schluckte er spontan, zu einem regelmäßigen Nachschlucken kam es jedoch nicht.

In abstrakten Situationen ohne ein Nahrungserlebnis war es nach wie vor schwer, eine Mundöffnung über den Kieferkontrollgriff (z.B. zur visuellen Untersuchung des Mundes) zu erreichen.

Wenige Tropfen Saft - über eine Strohhalmpipette angeboten - konnten von ihm angesaugt werden. Es bestand dabei kein geregeltes Saug-Schluck-Muster. Dem Ansaugen folgten bei Herrn A. Schmatzbewegungen mit offenem Mund und ein verzögertes Schlucken.

Um zu einem geregelten Saug-Schluck-Muster zu kommen, legten wir mehr Augenmerk darauf, daß das Ansaugen mit guter Kieferkontrolle erfolgte und unmittelbar danach der Schluckakt stimuliert wurde, um das Schmatzen zu hemmen.
Z.T. kam es sowohl nach dem Kauen in Gaze als auch nach dem Ansaugen über die Pipette zu einem verspäteten Husten, der sich nicht effektiv anhörte. Diese Beobachtungen gaben uns den Hinweis auf eine Sensibilitätseinschränkung im Kehlkopfbereich. Rückstände von Speichel oder Saft, die durch nicht ausreichendes Nachschlucken noch vorhanden waren, wurden erst durch passive Bewegungen des Kopfes überhaupt gespürt und lösten dann Husten aus. Nach dem Husten mußte das Nachschlucken erneut fazilitiert werden.

Ende Februar knirschte der Patient deutlich weniger mit den Zähnen und verschob auch seinen Unterkiefer nicht mehr nach rechts.

Am **27.02.96,** ca. 5 Monate nach seinem Unfall, beobachteten wir zum ersten Mal Aktivität in seinem linken Bein. Während seine Beine in Rückenlage auf einem großen Schaumstoffwürfel angebeugt lagen, machte er mit seinem linken Bein von der Hüfte aus kleine Bewegungen in Beugung und Streckung.
Was die Beurteilung der Kommunikation mit Herrn A. anging, wurden im Team unterschiedliche Beobachtungen gemacht. Die Eltern berichteten schon Anfang Dezember, daß ihnen, wenn er ausgeruht war, eine Kommunikation über Lidschluß mit ihrem Sohn möglich sei. Ab Mitte Dezember beobachteten wir vereinzelte Situationen, in denen ein eindeutiger Lidschluß als Ja-Antwort verstanden werden konnte. Der Frageninhalt bezog sich auf einfache Bedürfnisse des Patienten, z.B. ob er nach einer Therapiestunde noch sitzen könne. Eine wiederholbare und verläßliche Ja/Nein - Kommunikation bestand zu diesem Zeitpunkt aber nicht.

Am **14.03.96** dokumentierten wir eine F.O.T.T.-Stunde in sitzender Ausgangsstellung auf Video. Dabei kam es zu mehreren interessanten Beobachtungen hinsichtlich des **Explorationsverhaltens** und des **Situationsverständnisses** des Patienten:

In der prä-oralen Vorbereitung versuchte die links von Herrn A. stehende Therapeutin, die Finger seiner rechten Hand um und seinen Daumen in eine kleine, sehr nachgiebige Plastikschale zu legen. In dem Schälchen befanden sich Erdbeeren, die seine Mutter von zu Hause mitgebracht hatte. Herr A. hielt seinen Kopf selbständig und nach rechts in Richtung des Schälchens gedreht. Während die Therapeutin Daumen und Finger des Patienten leicht gegen das Schälchen zusammendrückte, um ihm damit zu mehr gespürter Information über den sehr geringen Widerstand dieses Gegenstandes zu verhelfen, richtete sich Herr A. noch weiter auf und zog das Schälchen mit gefausteten Fingern über den Tisch zu sich heran. Da sich seine Finger dabei noch mehr fausteten, verlor er das Schälchen aus der Hand. Die Therapeutin füllte die Erdbeeren in ein stabileres Schälchen und legte erneut seine Finger darum. Wieder zog der Patient das Schälchen zu sich heran, und wieder verlor er es aus den Fingern. Sein Handrücken blieb jedoch in Berührung mit dem Gefäß. Weil Herr A. mehr und mehr zur linken Seite kippte, lenkten beide Therapeutinnen nun ihr Augenmerk mehr auf die Rumpfaufrichtung und die Kopfhaltung. Währenddessen griff der Patient mit den Fingern seiner rechten Hand in das Schälchen und schob es mehrmals auf dem Tisch hin und her. Sein kleiner Finger berührte eine Erdbeere in dem Gefäß und folgte ihrer rollenden Bewegung. Die Greifbewegungen des Patienten sahen sehr auffällig aus. Er bewegte mehr den Unterarm in Pro- und Supination und behielt überwiegend eine gefaustete Hand. Es war ihm nicht möglich, eine gezielte Greifbewegung auszuführen. Seine Bewegungen wirkten unkoordiniert.

Die Therapeutin ließ Herrn A. an einer Erdbeere riechen, drückte dann ihren kleinen Finger in die Frucht und begann nun mit diesem Finger am Zahnfleisch des Patienten entlangzustreichen. So begann sie mit der Stimulation des Mundes. Der Patient schluckte z.T. spontan, z.T. nach Fazilitation.

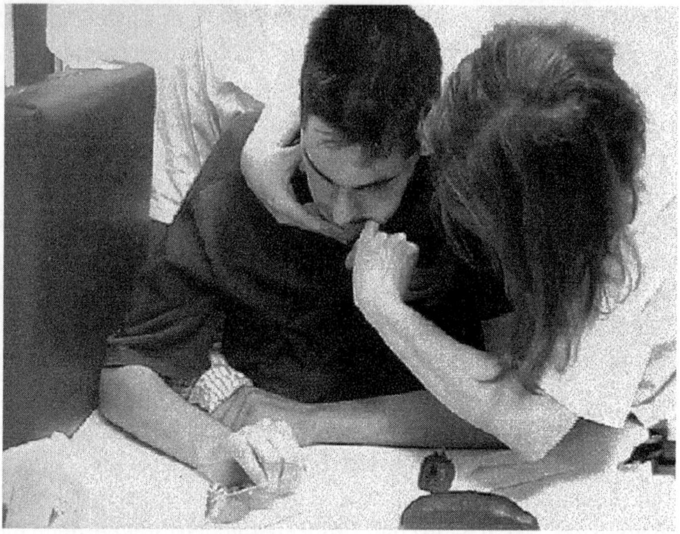

Abb. 9 (Videoprint): Nachdem der Patient an einer Erdbeere gerochen hat, erfolgt die Stimulation des Mundes mit Erdbeergeschmack.

Als ihm Speichel aus dem Mund lief, machte er eine wischende Handbewegung vor seinem Mund. Den mit seiner Hand in Berührung gebrachten Zellstoff ergriff er spontan und versuchte sich den Mund abzuputzen. Dabei traf er seinen Mund nur linksseitig, weil er seinen Kopf weiter nach rechts gedreht hielt und zur Ausführung des Mundabwischens seinen rechten Ellenbogen auf dem Tisch aufgestützt lassen mußte. Um mit dem Arm vollständig die Unterlage verlassen zu können, fehlte es ihm noch an ausreichender Rumpfstabilität.
Als die Therapeutin seine Zunge mit einem Spatel berühren wollte, öffnete er auf leichte Stimulation hin den Mund und hielt ihn bei stabilem Kiefer geöffnet, bis der Spatel wieder aus dem Mund geführt wurde. Auch beim anschließenden Kauen einer Erdbeere in Gaze öffnete er seinen Mund, als die Therapeutin mit dem Kaugut seine Lippen berührte. Sofort begann er mit dem Kauen, zog dabei seine Lippen aber so weit zurück, daß ihm das Stück ohne Kontrolle der Therapeutin aus dem Mund gefallen wäre. Er kaute jeweils nur auf der Seite, auf der ihm das Stück angereicht wurde. Durch Drehen seines Kopfes versuchte er, den fehlenden lateralen Transport des Kauguts zu kompensieren.
Das Kauen in Gaze stellte im Sinne des **„Therapeutischen Essens“** eine Vorbereitung für den nachfolgenden Versuch dar, dem Patienten einen Teelöffel Joghurt zu geben. Dahinter stand der Gedanke, durch mehr orale Bewegungen einen besseren Ablauf der pharyngealen Phase zu erreichen.

In der prä-oralen Phase wurde der Joghurt gemeinsam mit Herrn A. geöffnet. Dies ermöglichte den Einsatz beider Hände des Patienten und stellte einen Bezug zum folgenden Geschehnis her. In den geöffneten Joghurt führte die Therapeutin den rechten Zeigefinger des Patienten und versuchte anschließend, seinen Finger zum Mund zu bringen. Herr A. initiierte diese Bewegung zu seinem Mund. Es schien, als ob er wußte, daß das, was da an seinem Finger klebte, in den Mund gehörte. Er öffnete spontan seinen Mund, als dieser von seinem Finger berührt wurde. Zum Umschließen des Fingers mit den Lippen kam es nicht und das nachfolgende Abschlucken wurde mit viel Schmatzen eingeleitet.

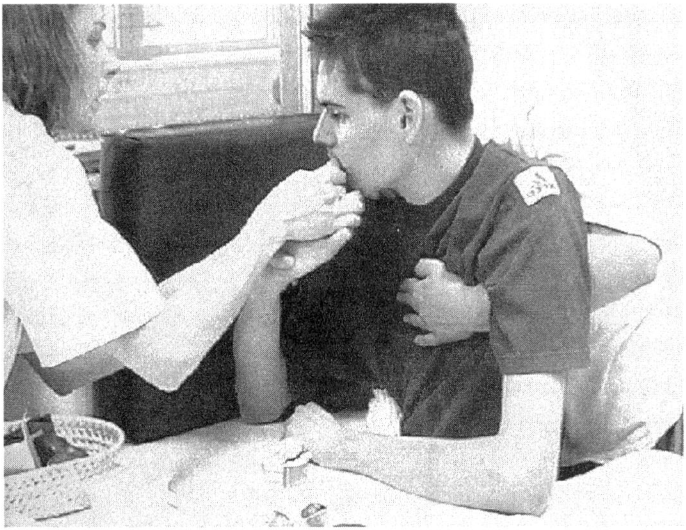

Abb. 10 (Videoprint): Aufbau von Hand-Mund Bezug: Die Therapeutin führt den zuvor in Joghurt getauchten Finger des Patienten zu seinem Mund. Eine zweite Therapeutin unterstützt ihn am Rumpf.

Abschließend wurde Herrn A. noch ein Teelöffel Joghurt angereicht, an dem er zunächst riechen konnte. Nach leichter Berührung der Unterlippe mit dem Löffel öffnete er spontan den Mund, zog aber unmittelbar nach der Berührung seiner Zunge mit dem Löffel den Kopf ruckartig zurück. Das Anreichen des Joghurts wurde von Herrn A. nicht mit den Augen verfolgt. Wir gingen davon aus, daß er nicht sehen konnte, was vor ihm geschah. Sein Finger im Mund war ihm vertraut, der Löffel hingegen mit dem kalten Joghurt gelangte „magisch“ in seinen Mund und war ihm unvertraut. Sein Erschrecken ließ sich gut nachvollziehen.

Kommunikation

Ab **25.03.** nahmen die Situationen zu, in denen wir den Eindruck einer eindeutigen Ja-Kommunikation über Lidschluß hatten. Insbesondere bei Fragen, die sich auf das Essen bezogen, war die Wahrscheinlichkeit einer positiven, eindeutigen Antwort groß. Überhaupt bedeutete die orale Nahrungsaufnahme, auch wenn sie zu diesem Zeitpunkt noch in keiner Weise ernährungsrelevant war, eine sehr starke Motivation für den Patienten.
Wenn wir ihm im Rahmen der F.O.T.-Behandlung z.B. Pudding über einen Spatel oder Teelöffel anboten, bejahte er stets die Frage, ob er noch mehr haben wolle.

Je konkreter eine Anforderung an den Patienten war, um so mehr Aktivität und Übernahme von Teilschritten zeigte er. Gab man ihm z.B. ein Taschentuch in die Hand und führte seine Hand zum Mundabwischen, nahm er spontan seinen Kopf hoch und hielt ihn eine Zeit lang oben. Versuchte man hingegen seinen gebeugten Kopf ohne Geschehniszusammenhang hochzuheben, konnte es sein, daß er dagegen drückte und seinen Kopf gebeugt hielt.

2.5 Zweiter Behandlungsabschnitt Aufbau der vollen oralen Nahrungsaufnahme

26.03.-22.10.96

Die erneute Befundung des Patienten ergab die nachfolgenden Hauptprobleme für den Facio-Oralen Trakt:

1. Nicht ausreichende Rumpf- und Kopfkontrolle
2. Fehlende Separierung von Kiefer und Zunge
3. Eingeschränkter Hand-Mund-Bezug

Ziele:

1. Weitere Verbesserung der Rumpf- und Kopfkontrolle
2. Lippenschluß beim Kauen; Selektive Zungenbewegungen bei stabilem Kiefer
3. Verbesserung des Hand-Mund-Bezuges
4. Aufbau einer Mittagsmahlzeit
5. Anleitung der Angehörigen zur Vorbereitung und Durchführung passiver Essensgabe

Behandlungsplan:

- Arbeit in höheren Ausgangsstellungen
- Abbau von Unterstützungsfläche
- Weitestgehend geführter Einsatz beider Hände, insbesondere bei der Zubereitung von Lebensmitteln und Essensvorbereitungen, wie z.B. Tischdecken
- Konkrete Zielvorgaben für die Zunge: Weiter in Gaze kauen, Zungenbewegungen außerhalb des Mundes mittels Strohhalm fazilitieren, Zungenbewegungen innerhalb des Mundes mit seinen Fingern an den Wangen vorgeben,...
- Passive Essensgabe (Breikost) teelöffelweise; Mengensteigerung
- Terminabsprache mit den Angehörigen zur Anleitung

Im Verlaufe des Aprils zeigten sich Hinweise beginnender Aktivität in der linken Schulter und dem Ellenbogen, zunächst als nachlassende Muskelspannung in die Streckung. Die Finger seiner linken Hand öffneten sich z.T. spontan oder legten sich um die Kante seines Rollstuhltisches.

Herr A. setzte nun seine bessere Kopfkontrolle zur Ja/Nein - Kommunikation ein und begann, über Kopfnicken und Kopfschütteln zu kommunizieren, was offensichtlicher und für uns schneller zu erfassen war. Seine Antworten waren jedoch nicht immer eindeutig. Es konnte sein, daß er auf ein und dieselbe Frage einmal nickte und einmal den Kopf schüttelte. Vor allem für die Entwicklung der Stuhlkontinenz war die schnellere Ja/Nein-Kommunikation sehr hilfreich. Herr A. spürte, wenn er auf die Toilette mußte, konnte dies aber bislang nicht artikulieren. Wir lernten die Anzeichen beginnenden Stuhlgangs aus seinem Gesamteindruck zu deuten und fragten immer früher nach, ob er auf die Toilette mußte. Wenn Herr A. bejahte, waren die nachfolgenden Toilettengänge zum Abführen fast immer erfolgreich. In Bezug auf die Harninkontinenz gelang es meist nicht, durch Nachfragen eine Kontinenz zu erreichen.

Neben den Kauversuchen in Gaze begannen wir jetzt etwas mehr breiige Kost passiv anzureichen, so z.B. eine halbe zerdrückte Banane oder ein halbes Schälchen Pudding. Erstmals **Ende April** aß er eine ganze Banane. Das Zerkauen dauerte wegen des noch eingeschränkten lateralen Zungentransportes sehr lange. Anhaltspunkte für eine Aspiration zeigten sich nicht. Da aber die orale Nahrungsaufnahme einer längeren Vorbereitung bedurfte, sowohl auf die Ausgangsstellung als auch auf die prä-orale und orale Vorbereitung bezogen, wurden Eßversuche zunächst ausschließlich in den Therapiestunden durchgeführt.

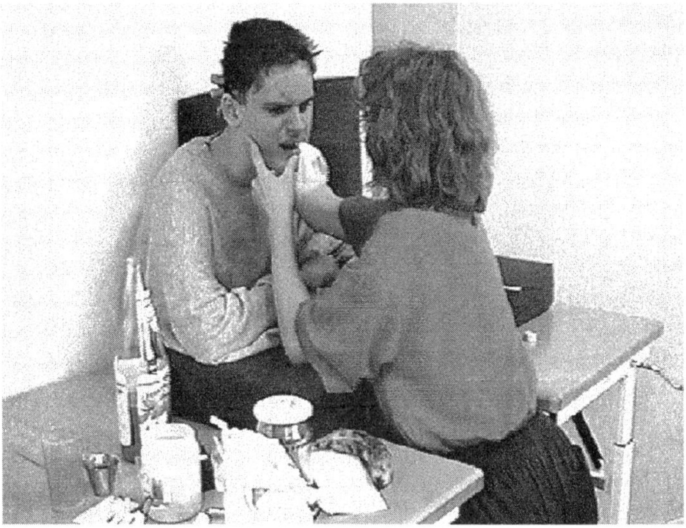

Abb. 11 (Videoprint): Stabile sitzende Ausgangsstellung: Bei Einsatz des Kieferkontrollgriffes von vorne werden Kauversuche mit Apfel in Gaze durchgeführt.

Im Juni konnte Herr A. zwar noch nicht frei sitzen, aber zeigte gerade in den ADLs eine Verbesserung der Rumpfkontrolle. Wenn ihm beim Ankleiden auf einem Stuhl sitzend das T-Shirt am Rücken heruntergezogen werden mußte, kam er der verbalen Aufforderung nach, sich ein bißchen vorzubeugen. Ebenso gelang es ihm, sich wieder an die Rückenlehne anzulehnen. Für beide Aktivitäten brauchte er allerdings einen Tisch zur Armauflage vor sich.
Am 11.06.97 beobachteten wir, wie Herr A., der dabei geführt wurde, eine Flasche zu öffnen, die Drehbewegung am Deckel mit rechts zu übernehmen versuchte. Da es ihm nicht vollständig gelang, griff die Therapeutin ein und öffnete die Flasche. Nachfolgend versuchte der Patient, die Flasche zum Mund zu führen. Während des geführten Geschehnisses kam Herr A. von der Hypothesenbildung „Flasche öffnen" zum „Trinken". Er konnte in dieser Situation eine Erwartungshaltung aufbauen, die über die Mithilfe, wie z.B. beim Anheben seiner Beine zum Schuheanziehen in Rückenlage, hinausging. Er wurde selber aktiv und initiierte den zweiten Schritt der Handlungssequenz, nämlich die Flasche zum Mund zu führen. Im Vergleich zu seinen bisherigen Ausführungsleistungen, bei denen er nur einzelne Teilschritte übernahm, begann er jetzt von sich aus, den nächsten Schritt auszuführen.

Nachdem Herr A. weiter geführt wurde, Saft in einen Becher zu gießen, wurde der Saft angedickt. Beim nachfolgenden zweiten Versuch, einen passiv zum Mund gebrachten Teelöffel Saft mit den Lippen abzunehmen, kam es zu einem kurzen Lippenschluß und er schmatzte anschließend deutlich weniger.

Wir konnten jetzt vermehrt an der Wiedererlangung bzw. Verbesserung von selektiver Zungenbeweglichkeit arbeiten. Dazu plazierten wir z.B. eine kleine Menge Nutella oder Joghurt an verschiedenen Punkten der Lippen. Herr A. sollte dann versuchen, diese abzulecken. War noch **im März** keinerlei Lippenschluß zu beobachten, wenn sein in Joghurt oder Saft getauchter Finger zum Mund geführt wurde, so umschloß er jetzt seinen Finger, den er selbst zum Mund zu bringen versuchte, vollständig mit den Lippen. Seit ca. **Mitte Juni** stabilisierte sich der Lippenschluß beim Abnehmen der Speise vom Löffel.
Zum ersten Mal konnte er seine Zunge über die Unterlippe gegen den Finger der Therapeutin vorbringen. Er konnte der Zielvorgabe in den linken Mundwinkel gut folgen, hatte dann aber Schwierigkeiten die Bewegung dort anzuhalten. Seine Zunge blieb in ständiger Bewegung. Zur rechten Seite war die Bewegungsmöglichkeit deutlich eingeschränkt, was mit der Beobachtung übereinstimmte, daß er fast nur auf der linken Seite kaute.
Bei Versuchen, ihm angedickte Flüssigkeit aus einem Becher anzureichen, gelang es dem Patienten nicht, seine Unterlippe an den Becherrand zu legen und zu einem Spitzen der Lippen zu kommen. Statt dessen zerfiel die zuvor gezeigte Selektivität in ein Massenmuster. Er begann viel zu schmatzen, Zunge und Kiefer bewegten sich nur zusammen und es dauerte lange, ehe er zum Schlucken kam. Anders als beim Ablecken des eigenen Fingers oder beim Abnehmen der Speise vom Löffel, fehlte beim Ansaugen von einem Becher der gleichmäßige Widerstand zwischen den Lippen. Das Ansaugen vom Becher stellt höhere Anforderungen an die Lippenkoordination und ist von der Tendenz her mehr mit dem Mundöffnen als mit dem Schließen verbunden. So muß der Kiefer bei leichter Öffnung stabil gehalten werden, die Unterlippe braucht den stabilen Kontakt am Becherrand, damit Flüssigkeit nicht nach unten vorbeilaufen kann. Die Oberlippe hingegen erhält keine stabile Referenz, sondern stellt sozusagen das Tor für den Flüssigkeitseintritt dar. Die Lippenspannung muß gleichmäßig sein, um auch zu den Seiten keine Flüssigkeit zu verlieren. Seit Beginn der oralen Willküraktivität zeigte sich bei Herrn A. eine leichte Mundastschwäche links. Diese erschwerte das symmetrische Lippenspitzen des Patienten.

Mahlzeitenaufbau, Anleitung der Angehörigen

Nachdem sich alle Faktoren (Rumpf- und Kopfkontrolle, Hand-/Mundbezug und die orale Kontrolle) so weit entwickelt hatten, konnten wir mit dem oralen Nahrungsaufbau beginnen.

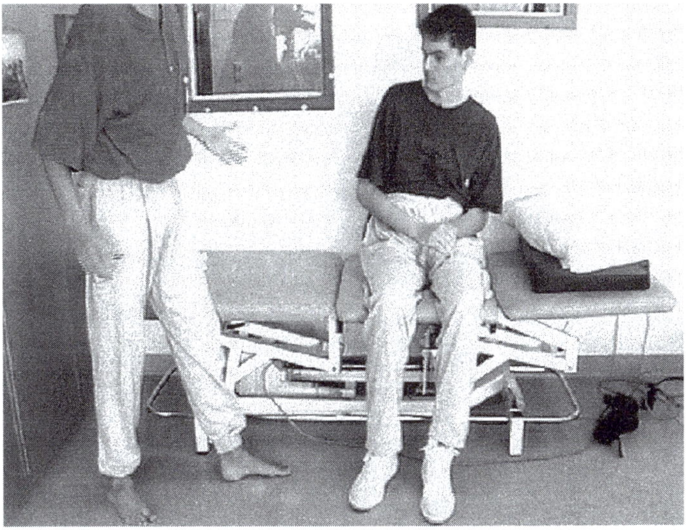

Abb. 12 (Videoprint): Herr A. sitzt frei auf der Therapiebank.

Ab 20.06. leiteten wir die Mutter an, ihrem Sohn pürierte Speise anzureichen. Ziel war es jetzt, zu einer geregelten Mahlzeiteneinnahme (vorläufig einmal täglich) zu kommen.

Dazu übernahmen wir zunächst die Mittagsmahlzeit, um dann in Absprache mit der Pflege die Kollegen für die Mahlzeiteneinnahme mit dem Patienten anzuleiten.

Aus Zeitgründen und wegen der leichteren Umsetzung für die Angehörigen einigten wir uns darauf, Herrn A. die Mahlzeit im Rollstuhl sitzend zu geben. Dazu wurde der Patient mit der linken Seite an eine Wand gesetzt, da er nach links zu kippen drohte. Unter seinen linken Arm bekam er ein Pack, um einen symmetrischeren Sitz zu unterstützen und das Sitzen für den Patienten weniger anstrengend zu machen. Beide Füße standen am Boden. Als Vorbereitung auf die Nahrungsaufnahme wurde die Mundstimulation durchgeführt, z.T. mit dem Finger des Patienten. Seine Hände wurden um den Tellerrand geführt, um den Teller zu halten und um in das Geschehnis einbezogen zu sein. Angereicht wurde ihm das Essen mit einem Plastiklöffel, da es noch gelegentlich zu einem kurzen Beißen auf den Löffel kam.

Nach dem Essen sollte Herr A. noch ca. 15 Minuten sitzen bleiben, ehe er dann ins Bett gelegt wurde. Diese Zeit diente dem Schutz vor Aspiration von möglichen Rückständen im Kehlkopfbereich beim Übergang vom Sitzen zum Liegen. So hatte der Patient auch die Gelegenheit, durch wiederholtes Schlucken zu einer Reinigung des Kehlkopfbereiches zu kommen. Das die Mahlzeit abschließende Zähneputzen vor dem Waschbecken überbrückte diese Viertelstunde sinnvoll.

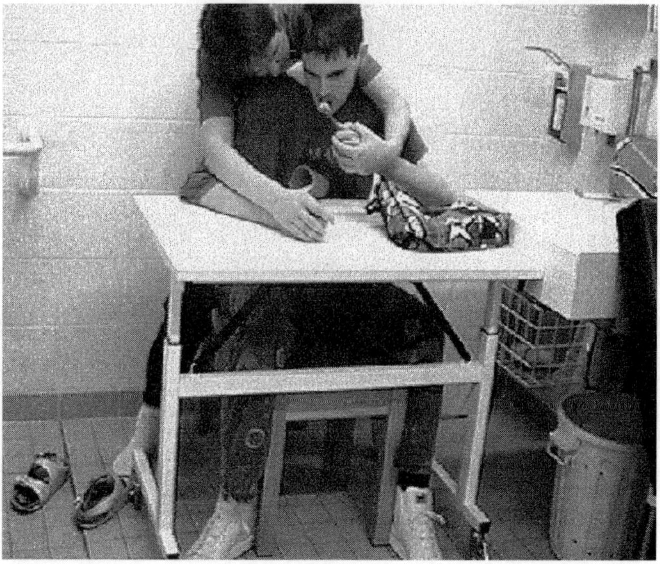

Abb. 13 (Videoprint): Unterstütztes Zähneputzen im Rahmen des Waschens und Anziehens

Nachdem Herr A. in der Logopädie zunächst auf Aufforderung oder auch bei Bewegungsübergängen eine „Brummstimme" und einzelne Laute produzieren konnte, begann er seit **26.06.** verbal mit Ja und Nein zu kommunizieren. Auch Worte wie „Hallo" und „Mama" konnte man verstehen. Seine Stimme klang nasal und etwas verhaucht. Aufgrund der eingeschränkten Zungenkoordination konnte Herr A. Konsonanten nicht bilden. Seine Ausatemluft reichte gerade für zwei Silben, ehe er wieder einatmen mußte. Die Atem-/Sprechkoordination war stark beeinträchtigt.

Zur Weiterentwicklung der Essenssituation gingen wir dazu über, dem Patienten einen Löffel (aus Verletzungsgründen keine Gabel) in seine rechte Hand zu geben. Dieser mußte zuvor von uns gefüllt werden, denn er vermochte nicht, gezielt Speise auf den Löffel zu laden. Herr A. konnte dann den Löffel, wenn auch etwas

unkoordiniert von seiner Armbewegung her, ohne Hilfe zum Mund führen. Für ihn persönlich war dies ein kleiner Zugewinn an Eigenständigkeit in seinem ansonsten weitestgehend fremdbestimmten Leben. Für uns aber stellte sich beim Essen, wie auch bei allen anderen Teilschritten eines Geschehnisses, die Herr A. jetzt übernehmen konnte, die Frage nach der Qualität der Ausführung. Es fehlte ihm noch an genügender Rumpfkontrolle, um seinen Kopf aufrecht zu halten. Für längeres Sitzen, z.B. bei der Mahlzeiteneinnahme, benötigte er unter seinem linken Arm ein Pack, um die Rumpfverkürzung links etwas auszugleichen. Der Einsatz von Packs und Keilen zur Verbesserung der Sitzhaltung brachte jedoch nur dann die gewünschte Unterstützung, wenn wir Herrn A. immer wieder mit unseren Händen in eine normale Sitzhaltung fazilitierten. Er saß spontan mit vorgestrecktem Kopf, was sich noch verstärkte, wenn er versuchte, den Löffel zum Mund zu führen. Gleichzeitig hielt er den Löffel mit viel Spannung zwischen Daumen und Zeigefinger und es gelang ihm nicht, diesen langen „Stab“ so zum Mund zu führen, daß er die Speise vollständig hätte abnehmen können. Zum einen hätte er seinen Kopf aufrechter halten müssen und zum anderen gewannen wir den Eindruck, als ob es ihm schwerer fiele, Kiefer-, Zungen- und Lippenbewegungen auf die Spürinformation des Löffels im Mund einerseits und zwischen den Fingern seiner Hand andererseits abzustimmen. Er zog den Löffel mit einer schnellen, flüchtigen Bewegung aus seinem Mund. Die Lippen kamen nicht zum vollständigen Abnehmen der Speise.
Wir gestalteten nun die Mahlzeiteneinnahme so, daß wir dem Patienten ca. 2/3 der Mahlzeit passiv oder beiläufig geführt, bei guter Kopfaufrichtung und Kieferkontrolle gaben und er zu einem Drittel ohne Hilfe den Löffel zum Mund führen konnte.

Die **Kommunikationsmöglichkeiten** des Patienten erweiterten sich insofern, daß er mittlerweile zwischen zwei Möglichkeiten eine Entscheidung treffen konnte. Fragte man ihn beispielsweise, ob er die Kauversuche lieber auf Weingummi oder Obst machen wollte, konnte er sich für das eine oder andere entscheiden. Fragte man hingegen lediglich, auf was er kauen wollte, erhielt man keine Antwort. Wir gingen davon aus, daß es ihm nicht möglich war, bei dieser abstrakten Frage die verschiedenen bildhaften Vorstellungen zu entwickeln.

Geführte Geschehnisse verbanden wir häufiger mit einer kleinen **verbalen Aufarbeitung.**
Am 06.08. führten wir Herrn A. dabei, einen Karton auszupacken. In dem Karton waren ein Glas, Zellstoff und eine Tüte Gummibärchen. Beim Umfassen mit der rechten Hand war das anschließende Loslassen schwierig. Es gelang besser, wenn man die linke Hand hinzunahm, z.B. um das Glas von der einen in die andere Hand zu geben. Er schien seine linke Hand immer besser zu spüren. Manchmal versuchte

er, sich selbst einen Gegenstand zwischen Daumen und Zeigefinger seiner linken Hand zu geben. Auch wenn es nicht gelang, gab uns dies doch Hinweise auf die Präsens der linken Seite.

Jeder einzelne Gegenstand wurde vom Therapeuten benannt, nachdem er ausgepackt war.

Nachdem sich alle Gegenstände auf dem Tisch befanden, befragten wir Herrn A., was er ausgepackt hatte. Erst nach erneutem Anfassen der Gegenstände konnte er sie benennen.

Diesem Geschehnis folgte anschließend das Kauen in Gaze mit den Gummibärchen.

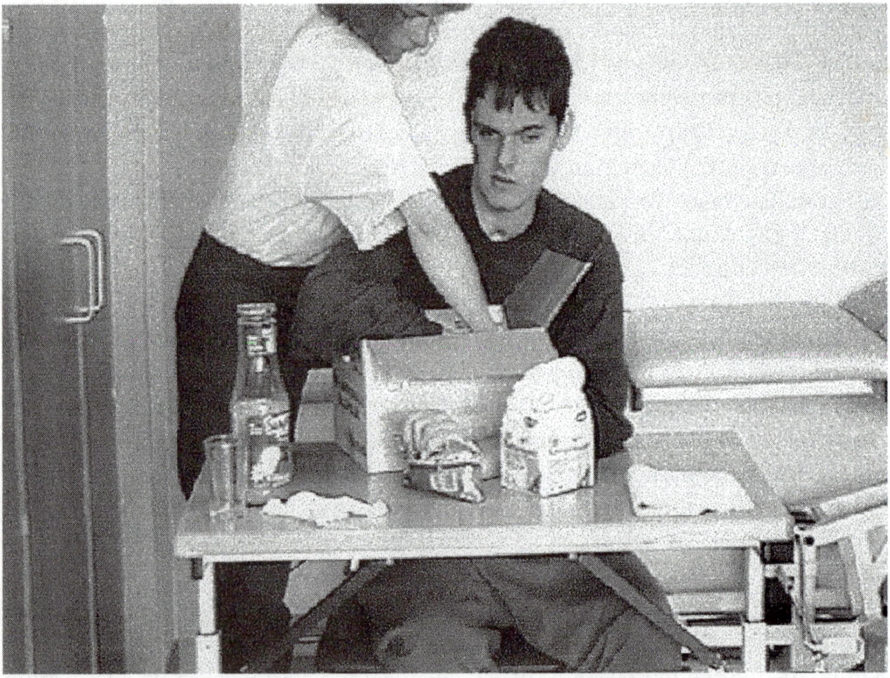

Abb. 14 (Videoprint): Alle Gegenstände werden mit Herrn A. aus dem Karton ausgepackt.

Danach wird der Karton am Boden abgestellt (ohne Abb.).

Abb. 15 (Videoprint): Die Therapeutin öffnet gemeinsam mit dem Patienten ein Glas mit Gummibärchen.

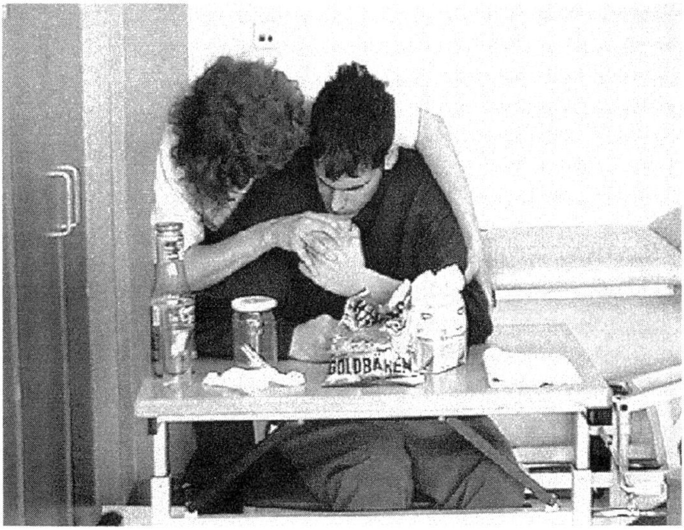

Abb. 16 (Videoprint): Beim Riechen daran kommt Herr A. spontan mit dem Kopf vor.

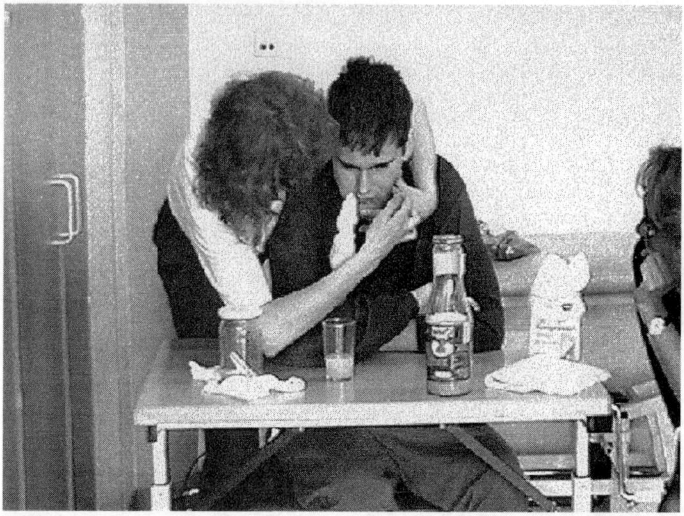

Abb. 17 (Videoprint): Beim Kauen eines Gummibärchens in Gaze verbindet die Therapeutin die Aufforderung, das Kaugut auf die linke Seite zu transportieren, mit einem taktilen Stimulus an der linken Wange des Patienten.

Am Ende der Stunde, ca. 20 Minuten später, fand der Therapeutenwechsel statt und es bot sich eine gute Gelegenheit, dem anderen Therapeuten zu „erzählen", was der Patient zuvor gemacht hatte. Herr A. gab an, daß er sich nicht mehr erinnerte. Mit Hilfe von Anfangssilben gelang es ihm z.T., das richtige Wort zu vervollständigen. Z.B.sagte die Therapeutin: „Du hast etwas ausgepackt. Das war ein Kar-..." und der Patient ergänzte spontan „-ton".

In einer anderen Situation wurde Herr A. dabei geführt, einen Apfel aus einem Gefäß und ein Messer aus dem Besteckkasten zu holen. Es dauerte einige Zeit, bis er den Apfel benennen konnte. Das Messer wurde mit der linken Hand ergriffen. Auf die Frage, was er in seiner linken Hand habe, antwortete er „Messer", und befühlte dann die (stumpfe) Klinge spontan mit seiner rechten Hand. Auf die Frage, ob er eine Idee habe, was wir jetzt machen wollen, zuckte er mit der linken Schulter. Als die Frage, direkt bezogen auf den Apfel in der einen und das Messer in der anderen Hand, gestellt wurde, antwortete er „schneiden". In diesem Beispiel konnte er aus der gespürten und dann verbalisierten Information „Apfel" und „Messer" die Hypothese „schneiden" aufstellen. Nachdem der Apfel durchgeschnitten war, führte er die eine Hälfte spontan zum Mund. Das war **Anfang September** und es war das erste

Mal, daß er eine so **feste Konsistenz ohne Gaze** kaute. Er kaute langsam und mit offenem Mund, aber es gelang ihm recht gut, die Stücke von einer auf die andere Seite zu transportieren.
Seit **August** konnte die Einnahme der **täglichen Mittagsmahlzeit von der Pflege** gewährleistet werden. Bis dahin hatten die Ergotherapeuten und die Logopädin mit dem Patienten gegessen, weil in der Pflege die personelle Kapazität dafür nicht ausreichend vorhanden war. Die Abgabe der Mittagsmahlzeit an die Kollegen von der Pflege ermöglichte es uns, wieder verstärkt an den Problemen **selektiver Zungenbeweglichkeit** und dem Lippenschluß beim Kauen zu arbeiten. Diese Probleme konnten wir unmittelbar bei der Nahrungsaufnahme kaum beeinflussen.

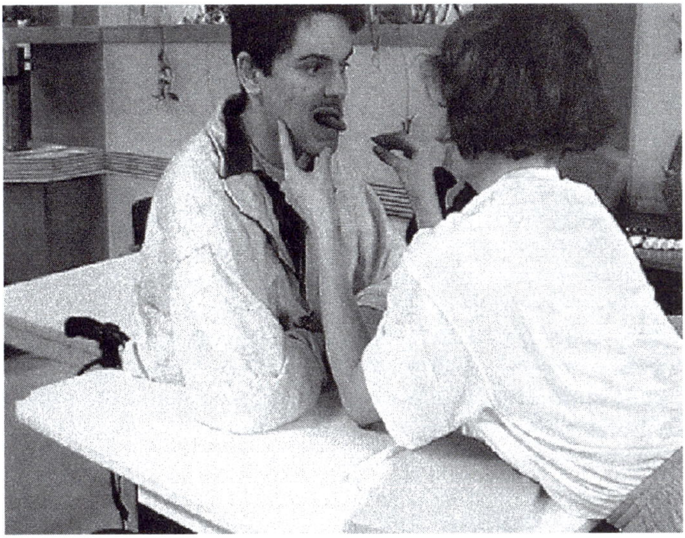

Abb. 18 (Videoprint): Verbesserung selektiver Zungenbewegungen: Der Kieferkontrollgriff erfolgt von vorne. Es wird in Augenhöhe des Patienten gearbeitet. Nachdem die Zunge des Patienten berührt wird, gibt die Therapeutin das Ziel der Bewegung mit einem Strohhalm an, indem sie seinen linken Mundwinkel berührt.

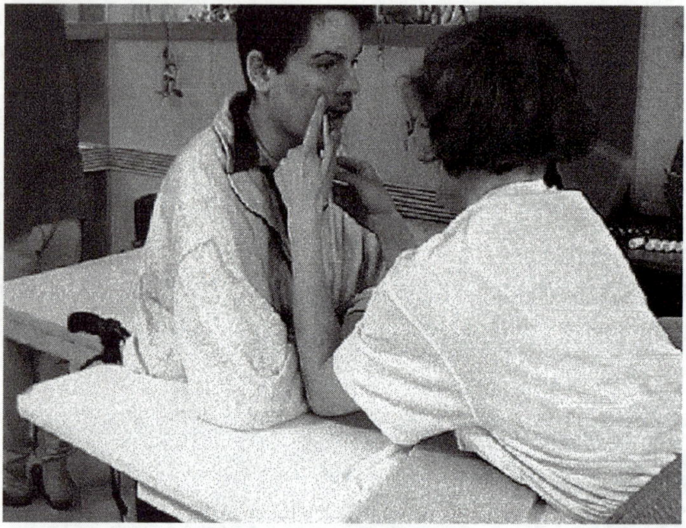

Abb. 19 (Videoprint): Bei dem Versuch die Zunge nach rechts zu bewegen reagiert Herr A. mit der rechten Mund- und Wangenseite mit. Die Therapeutin hemmt diese kompensatorische Mitbewegung durch ihren Zeigefinger.

An der Aufnahme von festen Konsistenzen und Flüssigkeit wurde nur in den Therapiestunden gearbeitet. Beim Trinken war die Aspirationsgefahr deutlich höher als beim Essen. Herr A. hustete dann, mußte aber zum nachfolgenden Schlucken fazilitiert werden. **Ende August** gestalteten wir **das erste Frühstück** mit Herrn A. Er aß eine Scheibe Vollkornbrot und trank einige Schlucke Tee. Beim Essen des Brotes war auffällig, daß er mit weniger weit geöffnetem Mund kaute, als bei der Gabe passierter Speise. Wir brachten dies in Verbindung mit dem stärkeren Input, den das Kauen des Brotes bedeutete. Bei dem oben erwähnten Apfel führte vermutlich die Säure zu einer reaktiv weiteren Mundöffnung.
Andere Versuche, das Kauen mit geschlossenem Mund zu unterstützen, erwiesen sich nur kurzfristig als hilfreich. So sollte der Patient z.B. einen Spatel mit den Lippen festhalten und gleichzeitig dabei ein Gummibärchen kauen. Oder wir baten ihn, beim Kauen sein Kinn bei aufgestützten Ellenbogen auf die gefalteten Hände abzulegen. Gerade letzteres bedurfte jedoch einer sehr guten Kontrolle durch den Therapeuten, damit der Kopf nicht in Reklination geriet oder die Hände sich verdrehten. Die Idee dahinter war, dem Patienten körpernahe Rückmeldung über seine Mundbewegungen zu geben.

Die Saug-/ Schluckkoordination wurde langsam besser. Bei Trinkversuchen mußte direkt nach dem Ansaugen das Abschlucken fazilitiert werden, damit der Patient nicht in seine Schmatzautomatismen zurückfiel.
Um die Zungenbewegungen weiter zu verbessern, gaben wir Herrn A. kleine Stücke Eßpapier an die Lippen, bzw. zwischen Lippen und Zahnfleisch. Das Eßpapier hielt ein bißchen hartnäckiger als Nutella, und Herr A. mußte wiederholt mit seiner Zunge versuchen, die Stückchen von den Lippen abzunehmen.

Im Oktober erweiterten wir die Mahlzeiteneinnahme auf Frühstück und Mittagessen.
Da die Sprechentwicklung des Patienten seit einiger Zeit zu stagnieren schien, besprachen die behandelnde Logopädin und die Ergotherapeuten ein verändertes Vorgehen. Die Logopädin übernahm vorläufig 3 x wöchentlich und die Ergotherapeuten 2 x wöchentlich das Frühstück. So konnte die Logopädin einerseits einen anderen Schwerpunkt in ihrer Arbeit setzen, und verlor andererseits auch nicht den Kontakt zu J. A.
Herr A. wurde zum Frühstück auf einen normalen Stuhl gesetzt, dessen Beine für den Patienten ca. 10 cm erhöht worden waren.
Vor dem Essen trank er Kakao. Dabei konnte mittlerweile die taktile Stimulation des Mundes entfallen und wir beschränkten uns auf vorbereitende Fazilitation von selektiven Zungenbewegungen. Anschließend wurde dem Patienten etwas Kakao über die Strohhalmpipette angereicht, um das Ansaugen zu fördern und anfangs nur eine geringe Menge Flüssigkeit in den Mund zu bringen. Es zeigte sich, daß die Saug-Schluckkoordination mit zunehmender Praxis während einer Mahlzeit besser wurde, so daß er mit weniger Schmatz- und Pumpbewegungen zum Schlucken kam.
Sehr streng wurde auf eine Trennung von Flüssigkeit und Essen geachtet: Entweder Herr A. aß oder er trank, denn eine Mischung verschiedener Konsistenzen oder ein zu schneller Wechsel zwischen fester und flüssiger Konsistenz führte schneller zum Verschlucken. Eine wiederholte Kontrolle des Stimmklanges war erforderlich. Gerade nach dem Trinken hörte sich seine Stimme häufiger feucht an und es bedurfte mehrmaligen Nachschluckens, bis sie sich wieder klar anhörte.
Zum Trinken von 100 ml brauchte Herr A. ca. 15 Minuten.
Herr A. konnte mittlerweile zwei normale Brötchen zum Frühstück essen. Meistens bereiteten wir ihm das erste Brötchen vor und gaben es ihm in die Hand, weil er großen Hunger hatte. Bei dem zweiten Brötchen führten wir beiläufig das Aufschneiden und Bestreichen.

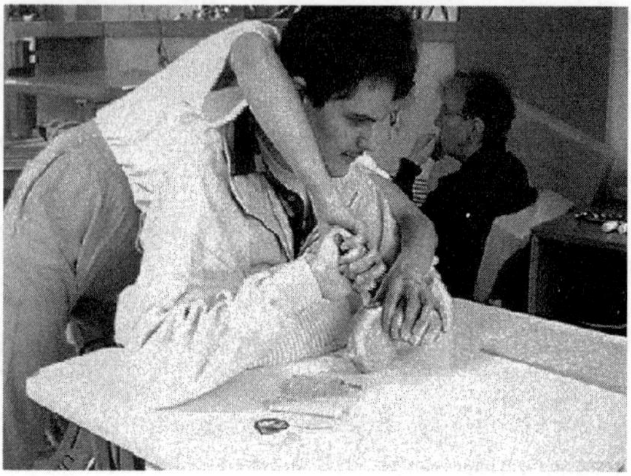

Abb. 20 (Videoprint): Ihre Hände auf den Händen des Patienten führt die Therapeutin Herrn A. beim Aufschneiden des Brötchens.

Herr A. begann, verbale Mitteilungen häufiger mit einer Warum-Frage zu beantworten. So erfolgte z.B. eine Warum-Frage auf die Ankündigung der Therapeutin, sie ziehe ihm jetzt die Schuhe an. Die Antwort der Therapeutin „Damit Du aufstehen kannst" kommentierte er mit einem Nicken. Auffallend war, daß sich Herr A. nur sehr selten spontan mitteilte. Abgesehen von den spontanen Äußerungen „Kalt!" und „Hunger!" sprach er eigentlich nur, wenn wir ihn etwas fragten. Gelegentlich antwortete er mit zwei Worten, so z.B. „Guten Morgen". Die Tonhaltedauer lag unter 4 Sekunden, was kaum für mehr als zwei Worte ausgereicht hätte.

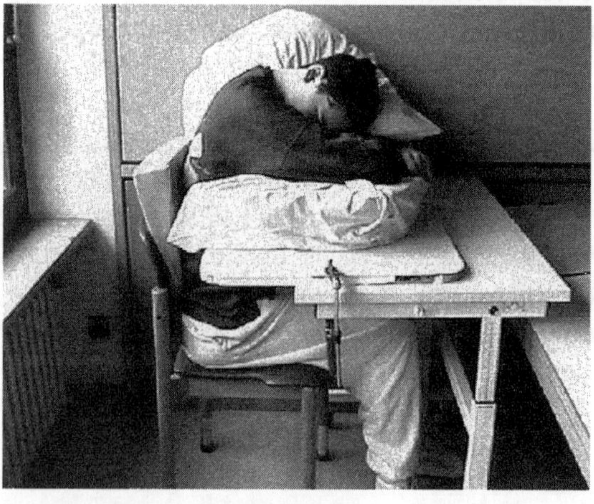

Abb. 21 (Videoprint): Nach dem Essen oder nach einer anderen Therapiestunde wird Herr A. am Tisch sitzend gelagert, damit er entspannt ausruhen kann.

2.6 Dritter Behandlungsabschnitt Stabilisierung der erreichten Fortschritte und Entlassungsplanung

23.10.96-14.01.97

2

In der Teamkonferenz vom **23.10.96** stand die Frage der **Entlassungsplanung,** die nach nunmehr fast einem Jahr intensiver Frührehabilitation eingeleitet werden sollte, im Vordergrund. Für die Angehörigen stand schon länger fest, daß ihr Sohn nach Beendigung des Klinikaufenthaltes bei ihnen zu Hause leben sollte. Dazu wurden für die Familie, die in einer Wohnung im 4. Stock lebte, umfangreiche Veränderungen notwendig. So wurden 2 Wohnungen im Rohbau angemietet und zusammengelegt. Um das Bad und die Toilette auf die Bedürfnisse des Patienten ausgerichtet gestalten zu können, erfolgte durch unsere Hilfsmittelbeauftragte ein Hausbesuch. Vom Sozialdienst wurde der Kontakt zum Verein „Ambulante Intensivförderung für Patienten mit erworbenen Hirnschäden e.V." in Wohnortnähe hergestellt. Über diese ambulante Intensivförderung sollte die hauptsächliche Weiterversorgung von Herrn A. gewährleistet werden.
Zusätzlich bekamen die Angehörigen über den Sozialdienst Adressen von Praxen zur therapeutischen Weiterversorgung.
An Hilfsmitteln wurden Herrn A. eine Therapieliege, ein Dusch- und Toilettenstuhl, eine Ernährungspumpe, ein Infusionsständer und 4 Rhombofill-Lagerungskissen verordnet. Ein elektrisch höhenverstellbares Bett und weitere Lagerungskissen hatte Herr A. bereits seit seinem ersten Wochenendbesuch zu Hause.
Als Termin für die Entlassung einigte man sich auf den **14.01.1997.**

Unsere Ziele für den nun beginnenden letzten Behandlungsabschnitt waren einerseits der Erhalt der erreichten Fortschritte. Andererseits sollte Herr A. darin gefördert werden, weitere Teilschritte innerhalb eines Geschehnisses zu übernehmen.
Von seiten der Physiotherapeuten bedeutete dies, die Beweglichkeit in den Füßen zu erhalten, am weiteren Tonusaufbau der Rumpf- und Hüftextensoren zu arbeiten und eine Verbesserung selbständiger Lagewechsel (Rückenlage/Seitlage) zu erreichen.
Von seiten der Ergotherapeuten standen die Verbesserung selektiver Zungenbewegungen, das Kauen mit geschlossenem Mund und der vollständige orale Kostaufbau

im Vordergrund. Des weiteren wurde insbesondere im Rahmen des Waschens und Anziehens an der vermehrten Mithilfe des Patienten gearbeitet. Dies geschah im Hinblick auf eine leichtere Versorgung im häuslichen Umfeld.

Seit dem 12.11.96 konnte Herr A. ohne zusätzliche Sondenkost ernährt werden. Mit Vor- und Nachbereitungen dauerte eine Mahlzeit ca. 45 Minuten. Unter Vorbereitungen sind hier das Aufsetzen im Bett, der Transfer in den Rollstuhl und die Fazilitation von selektiven Zungenbewegungen vor Beginn des Essens zu verstehen. Zur Nachbereitung gehörte das Zähneputzen. Bis Weihnachten gelang eine orale Flüssigkeitsaufnahme von 350 ml täglich, die bis zum Entlassungszeitpunkt auf 500 ml gesteigert werden konnte. Die Menge, die von Herrn A. getrunken werden konnte, hing auch von der Häufigkeit ab, mit der man ihm Getränke anbot. Das Trinken brauchte mehr Zeit als das Essen, da in punkto Aufmerksamkeit und Hilfestellung größere Anforderungen an die helfenden Personen gestellt waren. Die Stimme des Patienten mußte immer wieder auf ihren Klang überprüft werden, um Hinweise auf Rückstände im Kehlkopfbereich zu bekommen, die zu einer erhöhten Aspirationsgefahr beitrugen.

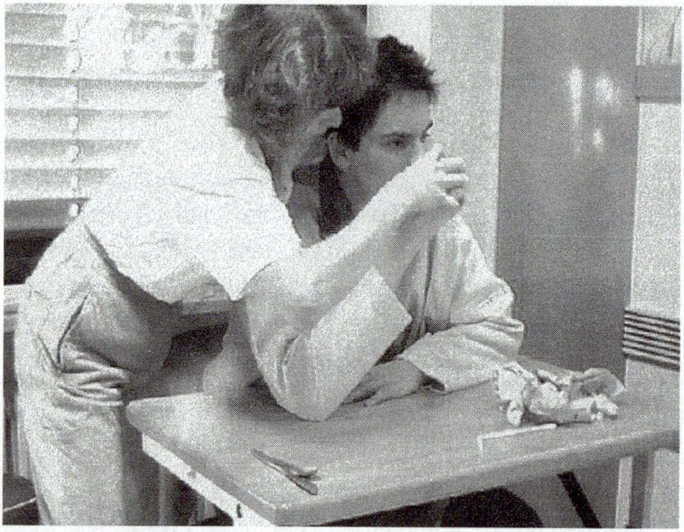

Abb. 22 (Videoprint): Bei guter Vorlage am Tisch braucht Herr A. noch leichte Unterstützung beim Trinken. Um sicher zum Mund zu kommen, muß sein Ellbogen auf dem Tisch aufliegen.

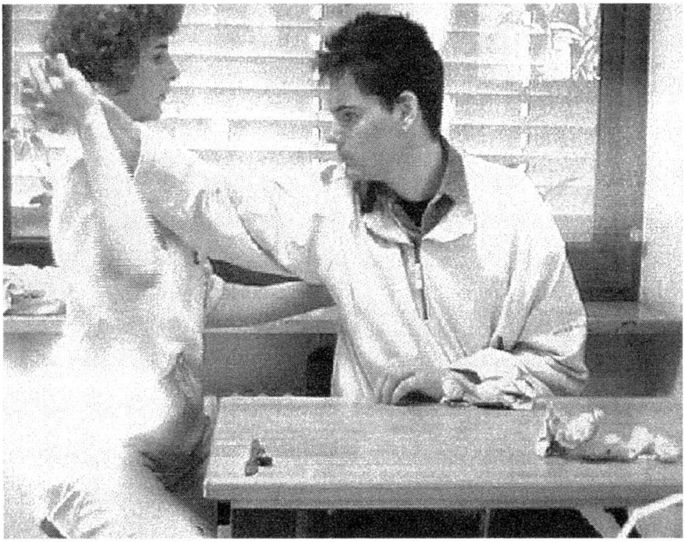

Abb. 23 (Videoprint): Ist es schwierig, seine Stimme nach dem Trinken durch mehrfaches Nachschlucken zu klären, hilft es dem Patienten durch Bewegung des Kopfes, manchmal zusätzlich des rechten Armes, Rückstände im Kehlkopfbereich besser zu spüren und zu effektivem Räuspern oder Husten zu kommen.

An den Wochenenden, die Herr A. zu Hause verbrachte, konnte ihm häufiger zu trinken angeboten und mehr Zeit auf das Trinken verwendet werden, als dies im Klinikalltag möglich war. So trank Herr A. zu Hause z.T. 750 ml und mehr an einem Tag.

Die volle orale Ernährung und das sich sowohl qualitativ als auch quantitativ positiv entwickelnde Trinken gaben Anlaß, über eine PEG-Entfernung nachzudenken. Nach den schweren Anfällen, die Herr A. nahezu alle 4 Wochen hatte, kam es zu z.T. mehrtägigen Erholungsphasen, in denen der Allgemeinzustand des Patienten keine orale Nahrungsaufnahme und insbesondere kein Trinken erlaubte. Ohne PEG wäre eine ausreichende Flüssigkeitsversorgung nicht gewährleistet, so daß wir uns gegen eine Entfernung der PEG aussprachen.

In den letzten zwei Wochen seines Aufenthaltes im Therapiezentrum Burgau zeigte sich neben einem gleichbleibenden motorischen Niveau, eine Verbesserung des Vorstellungsvermögens des Patienten. Bislang konnte er nur eine Auswahl aus vorgegebenen Möglichkeiten treffen und antwortete nicht, wenn er z.B. allgemeiner gefragt wurde, was er essen wollte. Fragte man ihn nun, was er zum Frühstück essen wollte, antwortete er „Semmel!“ und wollte man wissen, mit was er das Brötchen belegt oder bestrichen haben wollte, so konnte man oft „Marmelade“ verstehen.

Zusammenfassung

Beim Abschied von Herrn A. blickten wir auf einen Zeitraum von 14 Monaten intensiver Arbeit mit ihm zurück. Er kam nach seinem schweren Unfall in einem komatösen Zustand zu uns und war in jeder Beziehung auf fremde Hilfe angewiesen. Der Ausprägung folgenschwerer Sekundärkomplikationen, wie sie nach einem schweren SHT hinlänglich bekannt sind, konnte bei Herrn A. erfolgreich entgegengewirkt werden. Dies zeigte z.B. der Verlauf der (in dieser Fallstudie nicht beschriebenen) seriellen Gipsbehandlung beider Sprunggelenkskontrakturen (beide Sprunggelenke waren frei bis 90°).

Herr A. hatte gelernt, frei zu sitzen und konnte bei den Aktivitäten des täglichen Lebens einzelne Handlungsschritte übernehmen, die eine deutliche Pflegeerleichterung bedeuteten. Er konnte seine Lage im Bett selbständig verändern und übernahm Teile des Aufsetzens und des Transfers. Er konnte Frühstück und Abendbrot ohne Hilfe zu sich nehmen, wenn Brot und Brötchen vorbereitet wurden. Auch bei der Mittagsmahlzeit konnte eine Teilselbständigkeit erreicht werden. Herr A. vermochte, wenn auch in eingeschränkter Weise, verbal zu kommunizieren und konnte aus einem Angebot verschiedener Möglichkeiten auswählen, was er bevorzugte und was nicht.

2.7 Zusammenfassende Darstellung

Auf den folgenden Seiten wird die Gesamtentwicklung des Facio-Oralen Traktes übersichtlich dargestellt. Zum einen wurde der Versuch unternommen, die präorale, orale, pharyngeale und ösophageale Phase anhand einer Auswahl an Parametern zu bewerten. Dabei wurde die Bewertung von maximaler Beeinträchtigung über mittelgradige zu leichter Beeinträchtigung vorgenommen.

Zum anderen verdeutlicht eine Tabelle die quantitative Entwicklung der oralen Nahrungs- und Flüssigkeitsaufnahme, die gleichfalls in Diagrammform dargestellt ist.

2.7.1 Entwicklung und Beurteilung der Schlucksequenz im Behandlungsverlauf von J. A. Tabelle 1

Datum	Prä-orale Phase	Orale Phase
24.11.1995 (Erster Behandlungs-abschnitt)	a) Kein Explorieren mit den Händen b) Kein Hand-Mund-Bezug c) Vermutete kortikale Blindheit d) Kein Riechen (Kanüle) e) Bewußtseinsverlust **Fazit:** **Maximale Beeinträchtigung**	a) Spontanes Mundöffnen nur beim Gähnen (Fazilitiert ca. 1cm) b) Keine selektiven Zungenbewegungen c) Speichel läuft schwallartig aus dem Mund d) Kein Beißen / kein Kauen **Fazit:** **Maximale Beeinträchtigung**
26.3.1996 (Zweiter Behandlungs-abschnitt)	a) Bedingtes Explorieren mit der rechten Hand b) Eingeschränkter Hand-Mund-Bezug c) Verdacht auf Blindheit erhärtet sich d) Riechen: Olfaktorische Stimuli führen zur Atemvertiefung e) Öffnet den Mund erst, wenn Speise die Lippen berührt, z.B. Kaugut in Gaze **Fazit:** **Starke Beeinträchtigung**	a) Speise kann nicht mit den Lippen vom Löffel abgenommen werden b) Die Zunge bewegt sich nur mit dem Kiefer zusammen c) Weniger Speichelfluß d) Lippenschluß beim Schlucken aber nicht beim Kauen **Fazit:** **Starke Beeinträchtigung**
14.01.1997 (Entlassung)	a) Sucht in Mahlzeitensituationen gezielt nach der Semmel oder dem Becher b) Führt Nahrungsmittel mit der rechten Hand zum Mund c) Öffnet den Mund angepaßt, wenn er selbst z.B. die Semmel in der Hand hält d) Mahlzeiten müssen servierfertig vorbereitet werden **Fazit:** **Mittelgradige Beeinträchtigung**	a) Speise kann mit Lippenschluß vom Löffel abgenommen werden b) Selektive Zungenbewegungen innerhalb und außerhalb des Mundes sind möglich c) Kein Speichelfluß mehr d) Mund beim Kauen weniger weit offen e) Es verbleiben keine Speisereste im Mund **Fazit:** **Leichte Beeinträchtigung**

Pharyngeale Phase	Ösophageale Phase
a) Schluckt Speichel spontan nur in Rückenlage b) Nasensonde und geblockte Trachealkanüle, dadurch Behinderung des Schluckens c) Hustenreflex vorhanden, jedoch nicht effektiv **Fazit:** **Maximale Beeinträchtigung**	Kein klinischer Hinweis auf Reflux oder Regurgitation
a) Schluckt z.T. spontan seinen Speichel im Sitzen b) Verschlossenes Tracheostoma, PEG c) Hustenreflex ineffektiv durch mangelhafte Rumpfkontrolle d) Willkürliches Räuspern nicht möglich e) Aspirationsgefahr bei Flüssigkeiten f) Herabgesetzte Sensibilität im Kehlkopfbereich **Fazit:** **Mittelgradige Beeinträchtigung**	
a) Schluckt spontan in allen Ausgangsstellungen b) Nur noch Tee über die PEG c) Kann kräftiger abhusten d) Ansätz von willkürlichem Räuspern e) Herabgesetzte Sensibilität im Kehlkopfbereich **Fazit:** **Leichte Beeinträchtigung**	

2

2.7.2 Übersicht über die Entwicklung von Sondenernährung hin zu vollständiger oraler Nahrungsaufnahme und bedingter oraler Flüssigkeitsaufnahme - Tabelle 2

Datum	Kostform	Menge	Flüssigkeit	Menge
09.11. - 15.11.95	**Sondenkost (nasal)**	**2000 ml Fresubin flüssig**	**via nasale Sonde**	**1000 ml Tee**
23.-27.11.	s. o.	1500 ml Fresubin flüssig	s. o.	1000 ml Tee
29.11.95 Mitte 12/ 95 + Mitte 03/ 96	PEG + Kauversuche in Gaze Spatelspitze Pudding	1500 ml Fresubin flüssig 500 ml Fres. plus	via PEG	1500 ml Tee
08.04.96 Mitte 06/96	PEG + oral	500 ml Fresubin flüssig 500 ml Fres. plus 500 ml 750MCT / 1:1 1/2 Mahlzeit pürierte Kost	PEG	s. o.
Ab 08.07.	PEG + oral	s. o. tägl. 1 Mahlzeit / püriert	PEG	s. o.
Ab 29.07. Mitte 10/96	PEG + oral	500 ml Fres. plus 500 ml 750MCT / 1:1 500 ml Fresubin flüssig nur noch bei Bedarf Frühstück u.Mittagessen	PEG + oral	s. o. ca. 100 ml tgl.
Ab 02.11.	PEG + oral	500 ml Sondenkost 3 Mahlzeiten / Vollkost	PEG + oral	s. o. ca. 250 ml tgl.
Seit 12.11.96 erfolgte ausschließlich orale Nahrungsaufnahme*				
12/96			PEG + oral	s. o. ca. 350 ml tgl.
01.97			PEG + oral	s. o. ca. 500 ml tgl.

* Sondenkost wurde nur noch in den 1-3 Tagen nach einem Krampfanfall gegeben, solange der Allgemeinzustand des Patienten eine orale Nahrungsaufnahme nicht erlaubte.

2.7.3 Entwicklung oraler Nahrungs- und Flüssigkeitsaufnahme / Pat.: J. A.

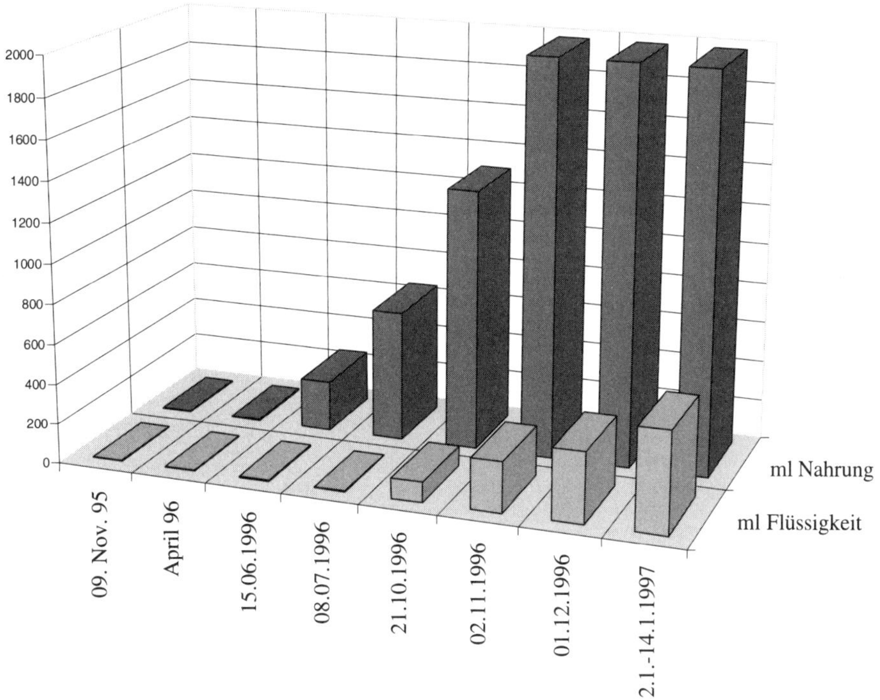

2

3 Fallstudie H. P.

3.1 Einführung

Diese Studie beschreibt die Rehabilitation eines 50-jährigen Mannes, der nach einem Hirnstamm- und Kleinhirninsult an funktionellen Ausfällen in Form von Ataxie, sowie Facio-Oralen und respiratorischen Beeinträchtigungen leidet.

Neun Monate nach dem Ereignis und nach mehreren Aspirationspneumonien beginnt für ihn ein Rehabilitationsprogramm, welches auf das Wiedererlernen orofacialer Bewegungen, Beeinflussung oro-pharyngealer Sensibilität und die Wiederherstellung des normalen Atemweges abzielt. Zunächst erfordert der Zustand des Patienten die Versorgung mit einer geblockten Trachealkanüle, sowie ausschließlich enterale Ernährung über PEG. Nach sechsmonatiger, intensiver Therapie kann die geblockte Kanüle durch eine Sprechkanüle ersetzt werden und die therapeutische orale Nahrungsgabe Teil der Behandlung zur Förderung der normalen Schlucksequenz werden.

Bei Abschluß der stationären Rehabilitation nach drei weiteren Monaten benötigt der Patient keine Trachealkanüle mehr und ist voll oral ernährt.

3.2 Der medizinische Hintergrund: Störungen des Facio-Oralen Traktes nach Stammhirninfarkt

„Infarkte im Bereich des Hirnstamms führen, sofern sie bilateral lokalisiert sind, meist zu schweren Schluckstörungen, jedoch können auch im Hirnstamm einseitige Hirninfarkte mitunter erhebliche Schluckstörungen hervorrufen.“ (Buchholz; Prosiegel, 1993)

Prosiegel (1993) stellt dar, daß der untere Hirnstamm am Schluckakt nicht nur durch die dort sitzenden Hirnnervenkerne (Pons: V Trigeminus, VII Facialis / Medulla oblongata: IX Glossopharyngeus, X Vagus, XII Hypoglossus) beteiligt ist, sondern die orale und wahrscheinlich auch die pharyngeale Phase zentral kontrolliert. Die drei im Bereich von Pons und Medulla oblongata gelegenen sogenannten „pattern-generators“ koordinieren die Aktivität der Hirnnerven V, VII, XII (die wichtigsten Hirnnerven im Bezug auf die orale Phase), IX und X (pharyngeale Phase) und empfangen bereits bearbeitete sensorische Rückmeldungen über die Hirnnerven V, VII, IX und X. So wird die motorische Aktivität unter Mitwirkung des Großhirns nachgesteuert. Die „pattern generators“ überwachen den sensomotorischen Ablauf des Schluckaktes.

Bezogen auf das Fallbeispiel H. P. bedeutet das, daß nicht nur Paresen und fehlende sensible Information der relevanten Strukturen, sondern auch fehlende Koordination die sensomotorische Aktivität „Schlucken“ beeinträchtigen. Außerdem ist die Gesamtkörperkoordination durch eine Ataxie beeinträchtigt.

3.3 Aufnahmebefund

3.3.1 Auszug aus dem Arztbericht

Name:	H. P.
Alter:	50 Jahre
08.08.1994	Hirnstamminfarkt mit Kleinhirninsult rechts
08.08.1994 - 21.12.1994	Klinik für Intensivmedizin Rostock
21.12.1994 - 05.05.1995	Rehabilitationsklinik Brandenburg
05.05.1995 - 01.03.1996	Rehabilitation Klinik Bavaria Kreischa/Sachsen

3

Krankengeschichte
(zusammengefaßt aus Berichten des Akutkrankenhauses und des zuerst behandelnden Rehabilitationszentrums)

Diagnose:
Z.n. Hirnstamminsult mit Kleinhirninsult re. (medulo-pontin re.), 8.8.1994:

- Rumpf- und Gangataxie
- Facialisparese rechts
  Glossopharyngeusparese rechts
  partielle Vagusparese rechts
  N. recurrens Parese links
  Hypoglossusparese rechts (Dysarthrie)
  ausgeprägte Schluckstörung sowie Dysphonie

Z.n. gehäuften Aspirationspneumonien und Refluxösophagitis

8.8.1994 bis 21.12.1994
Klinik für Anästhesie und Intensivmedizin Rostock
Somnolenz, V.a. Apoplex, jedoch keine Zeichen im CT

9.8.1994	akuter Atemstillstand, Intubation und Beatmung V.a. Enzephalitis PEG-Anlage
24.8.1994	Tracheotomie, Tracheale Sprechkanüle

20.9.1994 MRT (Magnetic Resonance Tomographie)
Infarkt im Versorgungsbereich A. cerebri inferior-posterior, incl. dorsolateraler Anteile der Medulla oblongata

Klinik für Thoraxchirurgie Vogelsang
Zwischenverlegung zur Diagnostik aufgrund Dysphagie und rezidivierender Pneumonien mit folgenden Fragestellungen:
- Besteht die Möglichkeit einer operativen Korrektur der bestehenden Paresen im Schlundbereich?
- V.a. Trachealstenose, der sich nicht bestätigte.

21.12.1994 bis 5.5.1995
Rehabilitationsklinik Brandenburg
- Schlucktherapie, so der Bericht, konnte nicht effizient durchgeführt werden, da kein Laryngoskop zur Überwachung zur Verfügung stand. Nur geringe Besserung der Symptomatik.

10.2.1995
Konsultation in der **Klinik für Thoraxchirurgie Vogelsang**
- entzündliche Trachea sowie hochentzündliche Bronchien
- Diskussion der Ultima Ratio passagerer Verschluß des kehlkopfnahen Trachealendes bzw. Laryngektomie

Der Eingriff sollte jedoch frühestens ein Jahr nach dem Ereignis erfolgen, da HNO Rückläufigkeit der Paresen feststellte und bezweifelte, daß das Erlernen von Ersatzsprache bei den vorliegenden Lähmungen möglich sei.

5.5.1995 bis 1.3.1996
Neurologische Rehabilitation in Kreischa/Sachsen (Klinik Bavaria)

Sozialer und familiärer Hintergrund
Herr P. war zum Zeitpunkt der Behandlung 50 Jahre alt (geb. Oktober 1945). Beruflich war er als Maschinenbauingenieur und später als Informatiker beschäftigt, bevor er als selbständiger Handelsvertreter einer Bauspar- und Finanzgesellschaft arbeitete.
Er war in zweiter Ehe verheiratet. Jeder der Ehepartner brachte einen erwachsenen Sohn in die Ehe. Das Ehepaar lebte in der zweiten Etage eines Mietshauses ohne Fahrstuhl. Die Wohnung, insbesondere das Bad, waren nicht rollstuhlgerecht.

3.3.2 F.O.T.-Aufnahmebefund

Der im Mai 1995 erstellte Aufnahmebefund beinhaltet folgende Bestandteile:

- Einen von der Autorin entwickelten **F.O.T.-Befundbogen.** (Befundbogen des Facio-Oralen Traktes).
  Dieser ist in seiner umfassenden Form abgebildet. Das stichwortartig kursiv ausgefüllte Instrument gibt die klinische Ausprägung der Symptomatik sehr detailliert wieder. Stehen beim Ausfüllen des Bogens zwei vorgegebene Optionen zur Wahl, so ist die zutreffende unterstrichen. (z.B. Trachealkanüle geblockt / ungeblockt; d.h. geblockte Trachealkanüle.)

- Es folgt die Darstellung der Problematik aus Sicht des hausinternen **HNO-Arztes.**

- Zuordnung der im Befundbogen abgebildeten Symptome in die **Phasen der Schlucksequenz** nach Coombes.

FOT-Befundbogen

Patient: **Herr P.**
Therapeut: **W., D.**
Datum: **18.5.1995, Aufnahmebefund**

➜ Gesamtkörper
➜ Gesicht
➜ Mund + orale Bewegungen
➜ Atmung + Stimme

Allgemeine Beobachtungen:

- Ernährungssonde: ***PEG seit 18.8.1994***

- Tracheostoma: offen / geschlossen ***seit 24.8.1994***

- Trachealkanüle: geblockt / ungeblockt
  kann Kanüle verschlossen werden, Dauer
  Dauerhaft geblockte Trachealkanüle seit HNO-Konsil in Kreischa wegen „massiver Aspiration von Speichel" (s. S. 91); zuvor Sprechkanüle, mehrfach Pneumonien.

- Wachheit / Bezug zur Umwelt
  Patient reagiert adäquat auf alles, zeigt keine Probleme.

- Verbale / non-verbale Kommunikation
  Verbal: Bei entblockter, zugehaltener Trachealkanüle (während FOT) möglich, dabei stark gurgelnde, teils unverständliche Stimme.
  Non-verbal: Über Mimik und Gestik oder Schreiben (aufgrund Ataxie teils nicht lesbar).

- Interaktion mit der Umwelt:
  (Fixieren mit Augen, (zielgerichtetes) Bewegen, Bewältigen von Alltagsgeschehnissen)
  Patient ist weitestgehend selbständig (Körperpflege, Ankleiden...).
  Es besteht eine Unsicherheit während des Transfers aufgrund der Ataxie.
  Daher ist eine Einhaltemöglichkeit bzw. Hilfsperson nötig.
  Patient bewegt sich selbständig im manuellen Rollstuhl fort, nutzt Arme und Beine zum Fahren.

1. Haltung und Bewegung
Ataxie, Kompensation durch Tonuserhöhung /
fixierte - nicht dynamische - Stabilität

Liegen	*Einnehmen jeder Position möglich;* *Hypo-normoton.*
Sitzen	*Freies Sitzen möglich bei aktivem Fixieren des Rumpfes (Tonussteigerung);* *Benötigt viel Unterlage, um loslassen zu können;* *Seitliche Tische ermöglichen aufrechtes Sitzen und freie Kopfbeweglichkeit.*
Stehen	*Stark erhöhter Tonus;* *Sicheres Stehen nur mit Festhalten möglich.*

Alle Gelenke sind frei, aktiv beweglich. Feinmotorik eingeschränkt (greifen und hantieren).

2. Gesicht / Mimik
Facialisparese rechts

a) In Ruhe: *nicht auffällig*

b) Bei spontanen Bewegungen (z.B. non-verbaler Kommunikation):
Ausdrucksvoll;
Rechte Seite besonders im Mundbereich weniger aktiv;
Asymmetrie.

c) während der Untersuchung
- *Stirnbereich: Endgradig beweglich, jedoch reduzierte Qualität (Schnelligkeit, Selektivität).*
- *Nasen- und Mundbereich re.:*
  Alle Bewegungen sind ansatzweise möglich;
  Wange und Orbicularis oris hyperton;
  Neigt insgesamt zu Mitbewegungen;
  Sensibilität rechtsseitig eingeschränkt;
  (z.B. Nase „läuft" unbemerkt).

3. Mund

a) taktile Untersuchung

Reaktion auf Berührung: *Normal.*

Sensibilität: im gesamten Mundbereich deutlich reduziert (rechts mehr als links)

a) Zahnfleisch:
- *Berührung wird gespürt (li. > re.).*
- *Die Kälte von Eis wird rechts nicht gespürt.*

b) Zunge:
- *Sensibel bezüglich Berührung; Hinterer Anteil kann ohne Abwehrreaktion berührt werden (hyposensibel).*
- *Kälte wird meist nicht gespürt.*

c) Gaumen und Rachen:
- *Berührung wird ohne Reaktion toleriert.*
- *Berührung der rechten Seite wird meist nicht gespürt.*
- *Kälte wird nicht gespürt.*

b) visuelle Untersuchung

<u>Beschreibung der Strukturen / Funktion</u>

Gesunder Mundraum (Zahnfleisch, Zähne ...);
Speichelansammlung vor dem Ausspucken.

Zähne: *o.B.*

Zahnfleisch: *o.B.*

Zunge: *Rechts leichtes Zittern in Ruhe, flacher als links (leichte Atrophie).*

Beweglichkeit

Zungenbewegungen innerhalb und außerhalb des Mundes:

- *Aktiv in alle Richtungen möglich;*
- *Nach rechts und besonders nach oben nicht endgradig und selektiv möglich;*
- *Unterlippe „schiebt“ die Zunge;*
- *„n“ und „g“ undeutlich (aufgrund eingeschränkter Zungenbewegung nach oben).*

Weicher Gaumen:

- *Bei der Phonation von „a“ zieht das Zäpfchen nach links.*
- *Rechte Seite zeigt Aktivität, dichtet aber die Nase nicht ab. Speichel läuft aus der Nase.*

Kieferbewegungen:

Sie wirken insgesamt verspannt, laterale Bewegungen sind reduziert.

3

4. Schlucken

a) Speichel

Spontan:
- *Das Schlucken von Speichel wird derzeit vermieden. Speichel wird ausgespuckt oder abgehustet.*
- *Wenn Pat. dennoch schluckt, dreht er den Kopf nach rechts (als Kompensation erlernt).*

Nach Stimulation:

Sehr selten (ca. 3x in 45 Minuten).

Qualität: *Nicht effektiv, massive Speichelresiduen (gurgelnde Stimme) mit starker Anspannung des Körpers und Mundes.*

Aspirationszeichen:

Husten und Speichelfluß aus der Nase nach jedem Schlucken. Speichel wird (meist willkürlich) über die Kanüle abgehustet.

b) Nahrung

Ernährungsstatus	*Voll über PEG*
Verarbeitung verschiedener Konsistenzen	*Entfällt*
Möglichkeiten:	*s.o.*
Bewegung der einzelnen Strukturen:	*s.o.*

5. Atmung / Stimme

Atembewegungen:
Abdominal und costal möglich, jedoch häufig clavicular.

Husten:
- *Unwillkürlich selten bzw. nie, selbst bei offensichtlicher Aspiration (Speichel am Kanülenende), reduzierte Sensibilität;*
- *Willkürlich kräftig.*

Stimme: *Enorm „gurgelnd" bei Entblockung aufgrund von Speichelresiduen:*
- *Häufig unverständlich;*
- *Kein Schlucken durch sensorisches Feedback ausgelöst.*

Kehlkopf:
- *Hypotone umgebende Muskulatur;*
- *Kehlkopf bewegt sich beim Schlucken nur minimal nach oben und deutlich nach rechts.*

Koordination: Sprechen + Schlucken, Atmen + Schlucken
- *Schlucken wird vermieden;*
- *Sprechen und Schlucken: trotz schwer gurgelnder Stimme kein Schlucken;*
- *Atmen und Schlucken: Husten mit anschließendem Schlucken nicht möglich.*

HNO 1

KLINIK

KONSILIAR-ANFORDERUNG / UNTERSUCHUNG 1

P

Patientenaufkleber

Konsiliar-Fachrichtung / Gebiet

Datum

Anfordernde Stelle Klinik I ☐ Klinik II ☐

Fachrichtung

Station/Abtlg. Tel.

Arzt Tel.

bitte lesbar!

Grundleiden / Grund des Aufenthalts

Entlassungstermin:

Laufende Medikation

Problem / Fragestellung (evtl. mit objektiven Befunden)

Stellungnahme des konsultierenden Arztes

5.5.95 Ø Ergoth.

Mundastschw. n. faz. re.,
Glossopharyng. re. mot. Schwäche (weicher Gaumen schl. re. nicht exakt)
keine Rec. Parese
acc. wahrsch. int.,
diskret Hypogl. re.

Der Schluckakt ist initiierbar und wird auch realisiert, dabei exakter glott. Schluß (Trachea-Endoskopie).
Im Intervall (Prae- u. postdeglutt.) **massiver** Speichelfluß via Glottis i. d. Trachea.

Nasale Endoskopie wird (ohne Anaesth.) bis zur Epiglottis reaktionslos toleriert - deutliche SENSIBILITÄTSSTÖRUNGEN.

Keine Atrophien.

Wegen d. Aspirationsproblematik wurde blockbarer Tubus (Nr. X) plaziert.
Ergotherap. Training sollte auf Sensib.-Training konzentriert werden.

Spezielle Empfehlungen

Prof. Dr. J.-G. Heidelbach

Datum Unterschrift / Stempel

3

Zuordnung der im Befundbogen dargestellten Symptome in die Phasen der Schlucksequenz nach Coombes

Die Phaseneinteilung erfolgt anhand der Analyse des normalen Schluckaktes nach Coombes (s. Pkt. 1.2.3).
Das nun folgende Beispiel bezieht sich auf das Schlucken von Speichel.

Prä-orale Phase
Die Ataxie beeinträchtigte das Einnehmen einer optimalen Gesamtkörperposition zum Schlucken in jeglicher Ausgangsstellung. Es bestanden Hypotonus im Liegen, sowie fixierte statt dynamische Stabilität im Sitzen.

Orale Phase
Mundschluß und das Spüren von Speichel im Lippenbereich stellten trotz der sensomotorischen Einschränkungen in der rechten Gesichtshälfte kein Problem mehr dar. Es kam nicht mehr zum Speichelverlust aus dem Mund.
Festzustellen waren reduzierte sensomotorische Fähigkeiten der Zunge, insbesondere beim Spüren von Speichel, Speichel sammeln und bei dessen horizontalem Transport, der sich durch eine gegen den Gaumen (nach oben) gerichtete „Wellenbewegung" auszeichnen sollte.

Pharyngeale Phase
Die Auslösung des reflektorischen Anteils des Schluckaktes erfolgt normalerweise durch sensorische Stimulation des Gaumenbogens, der Zunge, der Epiglottis und des Larynx. Da Herr P. diese Reize kaum wahrnahm, war der sensomotorische Kreislauf unterbrochen.

Schutz des Atemweges:
Das Anheben des Gaumensegels rechts war reduziert, so daß es nicht zum effektiven Abdichten des Nasenraumes kam.
Die Stimmlippen schlossen adäquat.
Der Kehlkopf hob sich in nur sehr geringem Maße, er wich nach rechts ab.

Ösophageale Phase (hypothetische Betrachtung)
Die Öffnung des oberen Ösophageussphinkters wird innerhalb der normalen Schlucksequenz überwiegend durch muskulären Zug aufgrund der Aufwärtsbewegung des Kehlkopfes und des Zungenbeines nach vorne-oben ausgelöst (Coombes; Prosiegel, 1995). In Herrn Ps. Fall war, bei mangelnder Kehlkopfelevation, eine Einschränkung der Sphinkteröffnung wahrscheinlich.

Somit bestanden in allen Phasen deutliche Einschränkungen!

3.4 Erster Behandlungsabschnitt

Phase der Anbahnung physiologischer Bewegungsmuster bezüglich
a) Schlucken
b) Atmung

Die Darstellung der Therapie des Facio-Oralen Traktes bei Herrn P. erfolgt in drei Abschnitten. Diese Aufteilung ermöglicht eine klarere Erläuterung des Therapieaufbaus. Zeitlich überlappen die einzelnen Phasen der Behandlung jedoch. Hervorzuheben gilt insbesondere, daß die Arbeit an physiologischen Bewegungsmustern den roten Faden des gesamten Zeitraums bildete.

Sie wird ausführlich, zum Teil in andere Behandlungsabschnitte übergreifend, im Kapitel 3.4 beschrieben.

Zunächst wurde der Patient fünf mal 45 Minuten pro Woche behandelt.

<u>Auswirkung der Störung des Facio-Oralen Traktes</u>

- Versorgung mit **geblockter Trachealkanüle**
- Ernährung vollständig über **PEG**
- Ausspucken von **Speichelansammlungen**
  Vermeiden des Schluckens
- KEIN Anzeichen eines unwillkürlichen **Hustens**
  KEIN Schlucken nach Husten
  Kraftvolles willkürliches Husten
- **Kommunikation** über Mimik/Gestik, sowie Schreibtafel
  Sprechen bei entblockter Trachealkanüle unverständlich

<u>Ziele</u>

Sicheres Speichelschlucken
- unter Nutzung normaler Bewegungsmuster (weniger Anstrengung)
- spontanes Schlucken

Spontanes Husten
- mit anschließendem Schlucken

Atmung über Mund/Nase anbahnen
- verbale Kommunikation
- sensible Rückmeldung

<u>Maßnahmen</u>

Stimulierung des Speichelschluckens
bei entblockter Trachealkanüle

Förderung selektiver Bewegungen und des **sensiblen Feedbacks**
+ Gesicht
+ taktile Stimulation mit Kälte
+ aktive und passive Zungenbewegungen
gezielt
ausdauernd
schnell

Verschließen der entblockten Kanüle

Behandlungsaufbau

Positionierung

„Richtige Positionierung ist sowohl hinsichtlich der Reduzierung abnormer Reflexe als auch zur Förderung normaler Bewegung unerläßlich. Da das Schlucken nicht ausschließlich als Reflex zu sehen ist, können sensorische und motorische Stimuli therapeutisch genutzt werden, um den Schluckreflex auszulösen." (Groher, 1992)

In Bobath-Termini ausgedrückt: Schlucken im normalen Muster wird durch einen funktionellen Haltungshintergrund erst möglich. Ataktische Patienten zeichnen sich vor allem dadurch aus, daß sie besonders im thorakalen Bereich nicht zu einer „stabilisierten Mobilität" kommen können. Sie kompensieren durch Fixierung des ganzen Körpers (Davies, 1994).

Die effektivste Behandlungsposition für Herrn P. war folgende:
Sitzend auf einem normalen Stuhl wurden die Unterarme jeweils seitlich auf einem taillenhohen Tisch abgelegt. So wurde ihm äußere Stabilität geboten. Dadurch konnte er einerseits die Schulter-Nackenpartie und den oberen Rumpf entspannen, andererseits gezielt mobil werden, um etwas vom Tisch zu nehmen (z.B. ein Tuch zum Säubern der Nase). (Abb. 1a-c)

Speichelschlucken

„Wenn der (Schluck-) Reflex nicht ausgelöst wird, sammelt sich Material, das über den Zungengrund läuft, in den Rezessi des Pharynx, inklusive der Valleculae und Sinus piriformis, und/oder fließt in die unteren Atemwege. Diese stehen offen, bis der Reflex ausgelöst wird. Bei Patienten, deren Reflex nicht oder zu spät ausgelöst wird, ist die Therapie darauf ausgerichtet, den Reflex zu stimulieren." (Logemann, 1983)

Als Herr P. erstmalig vom HNO-Arzt untersucht wurde, konnte er ein Schlucken mit Glottisschluß initiieren, aspirierte aber massiv zwischen dem Schlucken. (HNO-Konsil vom 5.5.95, S. 91)

Im Rahmen der klinischen Untersuchung äußerte der Patient, daß er aus Angst vor Aspiration das Schlucken vermeide. Er hatte in seiner bisherigen Dysphagie-

Behandlung die Drehung des Kopfes zur rechten schwächeren Seite während des Schluckaktes erlernt. Dies sollte eine Ansammlung von Material auf der rechten Pharynxseite vermeiden. In dieser Position waren ihm kleine Mengen Götterspeise oral verabreicht worden. Als Herr P. diese Technik demonstrierte, ging das Schlukken mit deutlichem Pressen des Mund- und Halsbereiches einher, ein Zeichen von Anstrengung. Der Tonus des gesamten Körpers nahm dabei zu.

Die Kompensationstechnik wurde zugunsten normaler Facio-Oraler, inklusive freier Kehlkopfbeweglichkeit aufgegeben. Daher wurde der Kopf in die Mittelstellung mit leichter Flexion gebracht, die normalerweise zum Schlucken eingenommen wird. Diese Position ermöglicht ein Maximum an koordinierter Bewegung während des Schluckens (Coombes). Um darüber hinaus freie Kehlkopfbeweglichkeit zu fördern, wurde die **Trachealkanüle** während der F.O.T.-Therapie **entblockt.**

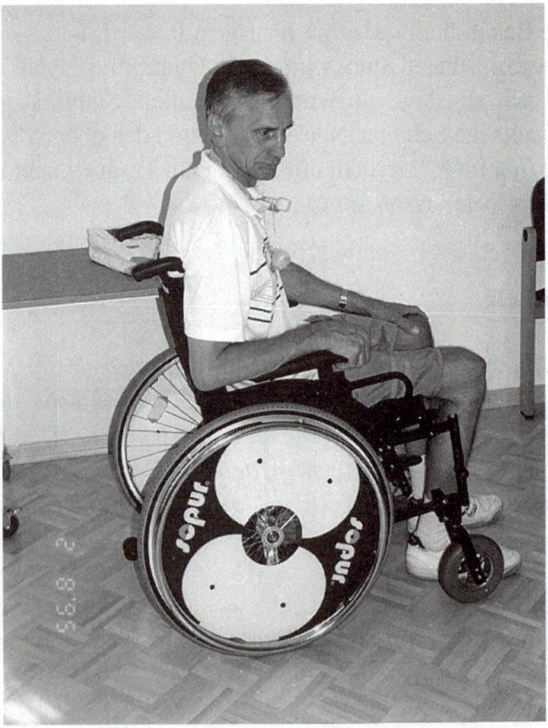

Abb. 1a: H. Ps. Position im Rollstuhl

Abb. 1b: Transfer: Mit etwas Unterstützung sind Gehen und Stehen möglich.

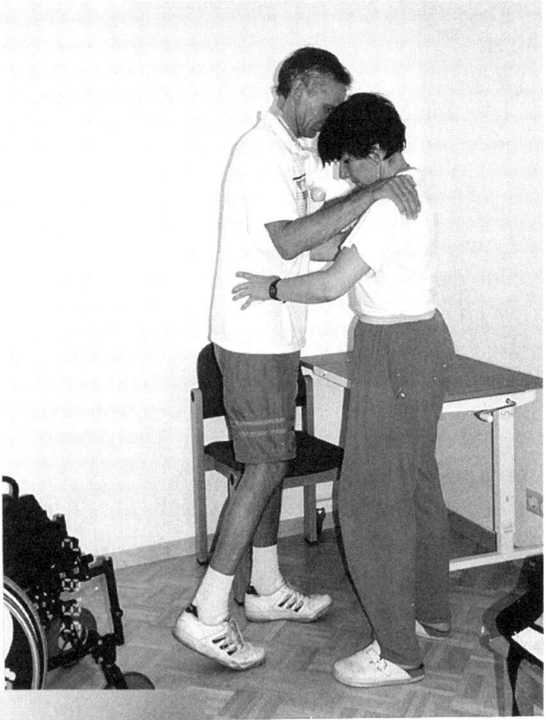

3

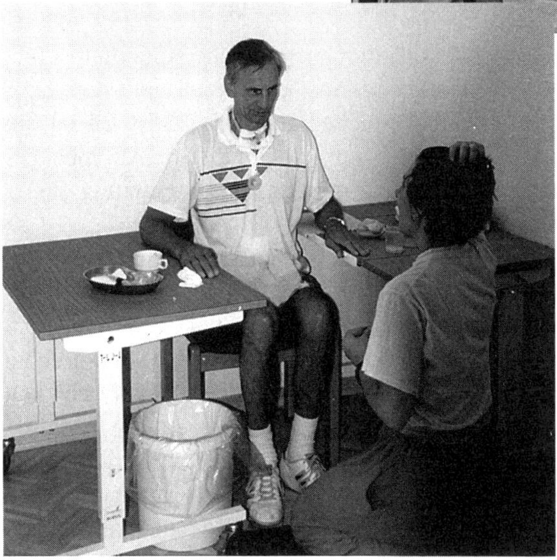

Abb. 1c: Sitzende Behandlungsposition auf einem Stuhl: Die seitlichen Tische bieten Stabilität.

Das **Speichelschlucken** wurde durch verschiedene **Fazilitationstechniken** unterstützt:

- *Stimulation des Zungengrundes*
  Im vorderen und mittleren Bereich der Zunge wird die rollende Abdruckbewegung der Zunge gegen den Gaumen unterstützt. Diese „Wellenbewegung" der Zunge dient dem Transport des Speisebolus in der oralen Phase.
- *Taktile Hilfe zur Speichelentleerung des Vallecullarraums*
  Es werden leicht kreisende Bewegungen der Fingerkuppen jeweils lateral oberhalb des Zungenbeins durchgeführt (Abb. 2c).
- *Leichte, passive Bewegung des Kehlkopfes*
  Dies geschieht zur dosierten Mobilisation der Region und zum Erspüren von Speichelseen oberhalb der Kehlkopfregion.

Herr P. kam durch Fazilitation zum Schlucken. Die Schluckfrequenz sowie -qualität waren jedoch erheblich gemindert.
Da es dem Patienten zunächst nicht möglich war, häufig und effektiv genug zu schlucken, hustete er aspirierten Speichel willkürlich über die Trachealkanüle ab und/oder spuckte Restspeichel aus (Abb. 3a-c). Häufige Tests des Stimmklangs bei Vokalphonation wurden genutzt, um die **Speichelmenge** oberhalb des Kehlkopfes akustisch zu überprüfen (Abb. 3d). Diese Maßnahmen zur Sicherheit beanspruchten zunächst über die Hälfte der FOT-Therapiezeit, konnten im Therapieverlauf jedoch kontinuierlich abgebaut werden.
Das Diagramm H. P. 1 (s. S. 131) gibt die durchschnittliche, innerhalb einer Therapiestunde nicht geschluckte Speichelmenge wieder. Die ausgehustete bzw. ausgespuckte Speichelmenge betrug bei Therapiebeginn (Mai 1995) 125 ml. Im Dezember '95 benötigte Herr P. seinen bisher ständig mitgeführten „Ausspuckbecher" nicht mehr. Herr P. wertete den Therapiefortschritt als Steigerung seiner Lebensqualität.
(Im September '95 wurde für kurze Zeit speichelhemmende Medikation angesetzt. Sie machte den Speichel derart zäh, daß Herrn Ps. Problem, Speichel hinunterzuschlucken, subjektiv zunahm. Daraufhin wurde das Medikament abgesetzt.)
Neben der meßbar reduzierten, nicht geschluckten Speichelmenge, verdeutlichte Herrn Ps. Stimme den Therapiefortschritt. Bedingt durch das effektivere Schlucken des Speichels verschwand der „gurgelnde" Stimmklang. Die gurgelnde Stimme ist ein eindeutiges klinisches Zeichen für Speichelresiduen. Gleichzeitig wurden dysarthrische Störungen des Sprechens, die zuvor überdeckt waren, deutlich hörbar. Verursacht durch reduzierte Zungen- und Gaumenbeweglichkeit sprach Herr P. verwaschen und nasal. Die HNO-Untersuchung vom 8. November 1995 bestätigte den Erfolg: Häufiges spontanes Schlucken von Speichel wurde beobachtet. Der Patient war jedoch noch nicht frei von Aspiration (HNO Konsiliarbericht 2).

HNO 2

KLINIK

KONSILIAR-ANFORDERUNG / UNTERSUCHUNG 8

P

Patientenaufkleber

Konsiliar-Fachrichtung / Gebiet

Datum

Anfordernde Stelle Klinik I ☐ Klinik II ☐

Fachrichtung

Station/Abtlg. Tel.

Arzt Tel.

bitte lesbar!

Grundleiden / Grund des Aufenthalts

Entlassungstermin:

Laufende Medikation

Problem / Fragestellung (evtl. mit objektiven Befunden)

Stellungnahme des konsultierenden Arztes

8.11.95 Ø Ergoth.

Nach dauerhafter Entblockung (13. Okt. 95) jetzt deutlich intensiver und häufiger spontanes Schlucken / Leerschlucken. Dabei keine Aspiration. Gelegentlich noch „Überlaufen" des Speichels - Pat. gibt nun aber spontan Mißempfindungen an (Besserung sensibl. Empfindungen).

Kleinere Kanüle (Nr. VIII) plaziert, um natürl. Bedingungen „näher" zu kommen.

Prof. Dr. J.-G. Heidelbach

Spezielle Empfehlungen

Datum Unterschrift / Stempel

3

Abb. 2a-c: Organisierte taktile Stimulation im Mundbereich mit einem Eisstäbchen.

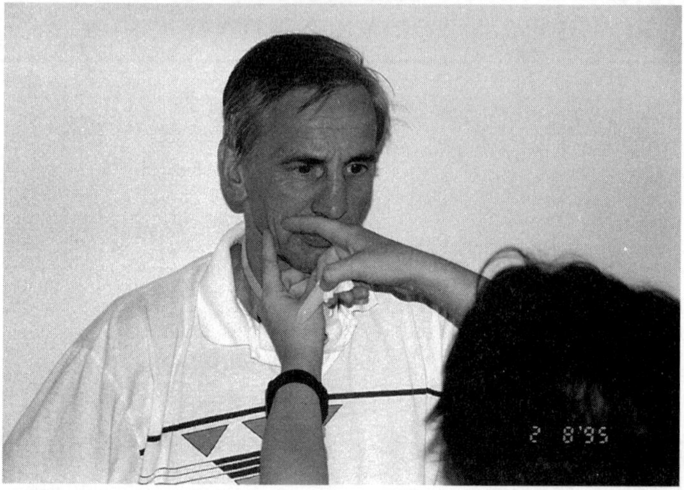

Abb. 2a: Kieferkontrollgriff mit der linken Hand der Therapeutin: Der rechte Zeigefinger der Therapeutin gibt taktile Information über den Ort der Stimulation, hier Zahnfleisch oben rechts.

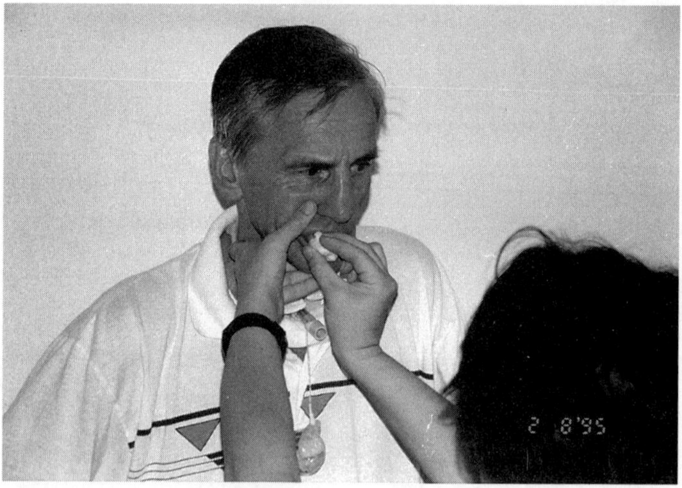

Abb. 2b: Hemmung des Anhebens der Oberlippe mit dem linken Daumen: Die rechte Hand stimuliert das Zahnfleisch durch Reiben mit dem Eisstäbchen.

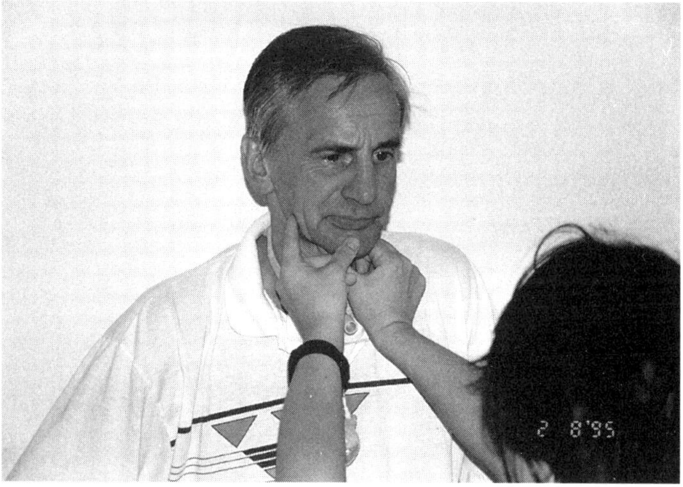

Abb. 2c: Das Schlucken wird durch Fazilitation des hinteren Zungenanteils stimuliert.

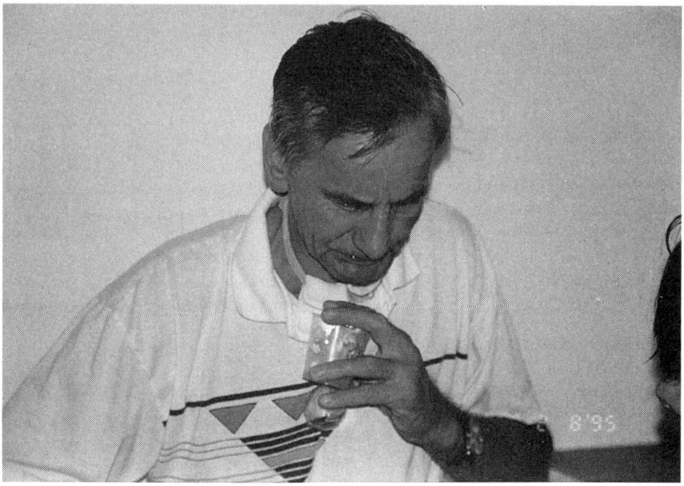

Abb. 3a: Es kommt zu willkürlichem Abhusten von aspiriertem Speichel.

Abb. 3b-c: Speichelreste, die nicht geschluckt werden können, werden ausgespuckt.

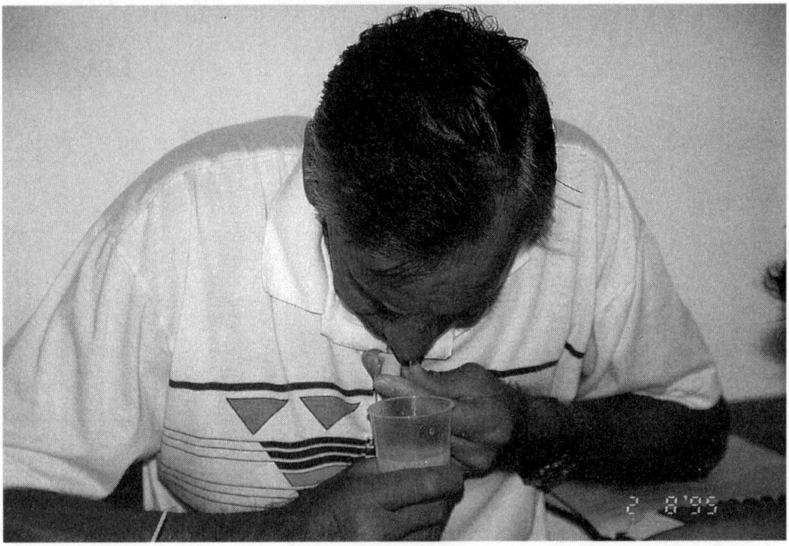

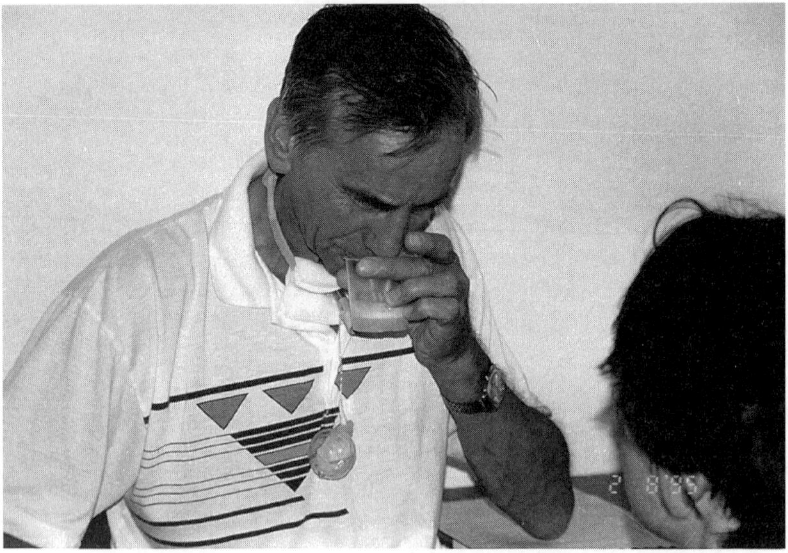

Abb. 3d: Phonation macht Speichelreste, die oberhalb der Stimmlippen sitzen, „hörbar".

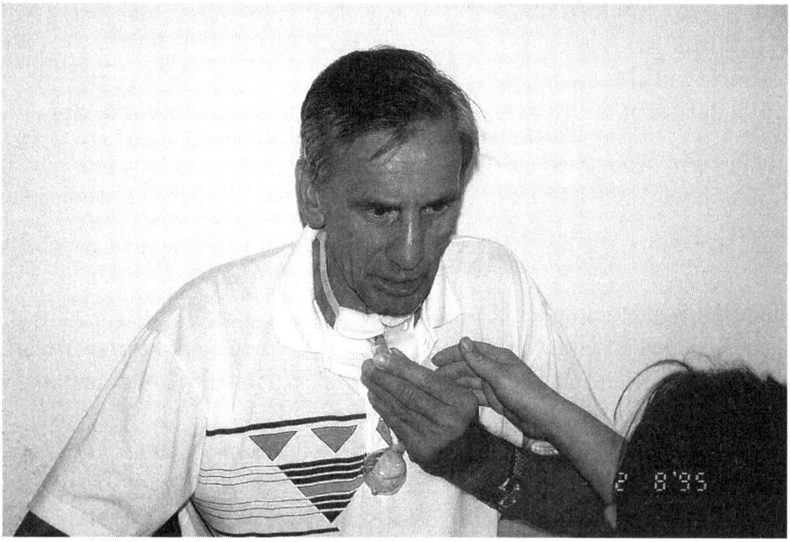

Förderung der selektiven Bewegungen und des sensorischen Feedbacks

„Die zweite Entscheidung (die erste betrifft orale bzw. alternative Ernährung) bezieht sich auf die Behandlung von Patienten mit gestörter Nahrungsaufnahme: Entweder wird am Schlucken direkt - über orale Nahrungsgabe und Verstärkung der zum Schlucken benötigten Verhaltensweisen - oder indirekt über Übungen zur Verbesserung der motorischen Kontrolle, die zum normalen Schlucken benötigt wird, weitergearbeitet." (Logemann, 1983).

In Herrn Ps. Fall lag in einem solchen Maße Speichelaspiration vor, daß das Erarbeiten sensomotorischer Funktionen (indirekte Therapie nach Logemann) indiziert war. Wie schon Groher (1992) feststellte, gibt es eine Anzahl von „Techniken", die über Hemmung und Fazilitation orale und pharyngeale Bewegungen verbessern sollen. Wie der Patient aus Fallbeispiel 1, J. A., wurde H. P. nach der Bobath-Methode behandelt.

Das Vorgehen orientierte sich an den **Feedback-Stufen des sensomotorischen Lernens:**

1. „Passives" **Führen** in die Bewegung
2. „Aktives" **Halten** des Bewegungsausmaßes
3. Aktives **Initiieren** der Bewegung
4. **Wiederholen** der Bewegung im sinnvollen Kontext (Alltagsbezug)

Von 1 bis 4 nimmt das Ausmaß der gespürten Information (sensibles Feedback) zu. Dadurch wird die Übernahme von Bewegung als Bestandteil des normalen Bewegungsrepertoires erleichtert.

Die Inhalte der Behandlung des **Gesichts** bestanden aus Hemmen der Überaktivität der linken Gesichtshälfte und des Tonus der rechten Wange durch Arbeit innerhalb und außerhalb des Mundes. Angebahnt wurde Selektivität und Reproduzierbarkeit der Bewegungen.

Der Patient erlernte vollständig symmetrische Ausdrucksbewegungen des Gesichtes. Diese Fähigkeit verlor sich in der Komplexität von Alltagsbewegungen. Insbesondere beim Sprechen blieb die Fazialisparese rechts im Mundbereich bestehen. Innerhalb der verbalen Kommunikation sind schnelle und sehr komplexe selektive Bewegungsabfolgen erforderlich, deren Ausführung dem Patienten noch Mühe bereitete. Der Tonus des Mundes und der Wangen während des Schluckens wurde zunehmend adäquater, blieb jedoch tendenziell erhöht.

Die **taktile Stimulation des Mundes,** mit anderen Worten des Zahnfleisches und der Wangen, der Zunge und des harten Gaumens, wie sie von Coombes beschrieben wird, wurde mit Wassereisstäbchen durchgeführt (Abb. 2a-c). Dies kombiniert die Idee des klaren, organisierten taktilen Inputs mit der Erkenntnis, daß Kälte einen stärkeren Stimulus bezüglich des Schluckens darstellt als lauwarme Flüssigkeit oder Speichel. Darüber hinaus wurden der weiche Gaumen und die Rachenrückwand mit einem eingeeisten, kleinen Wattestäbchen stimuliert, da die sensible Rückmeldung dieser Strukturen maßgeblich an der Auslösung des reflektorischen Anteils des Schluckens beteiligt ist. Aspekte der thermalen Stimulation des weichen Gaumens wurden vor allem von Logemann (1983) beschrieben. Innerhalb weniger Behandlungswochen war Herr P. in der Lage, nach jedem Zwischenschritt der Eisstimulation zu schlucken. Außerdem wurde die paretische rechte Seite des weichen Gaumens deutlich mobiler. Es drang beim Schlucken teilweise noch Material in die Nase ein, aber dieses Phänomen war rückläufig.

Im Alltag traten verschiedene Veränderungen auf: Da weniger Speichel in die Nase gelangte, putze sich der Patient seltener die Nase. Der nasale Stimmklang reduzierte sich graduell.
Später, mit Beginn der oralen Nahrungsgabe, war die zunehmende Koordination des weichen Gaumens innerhalb der Schlucksequenz - besonders während des Trinkens - deutlich. Zunächst drangen Getränke in die Nase ein. Nach wenigen Wochen trat das Problem aufgrund gesteigerter Koordinationsleistungen jedoch nicht mehr auf (Diagramm H. P. 3, s. S. 133).
Eine verbesserte intra-orale Sensibilität ermöglichte es dem Patienten zu spüren, wo er mit dem Eisstäbchen berührt wurde. Berührung des weichen Gaumens und der Rachenrückwand wurden als unangenehm empfunden, ein Zeichen normaler Sensibilität. Alltagsbezogen war festzustellen, daß der Patient Speichelansammlungen im Mund spürte und später auch Reste (z.B. kleines Fruchtstückchen aus einem Löffel Joghurt) innerhalb des Mundes fühlte. Dies bildete die Basis für das Sammeln und Transportieren von Speichel (bzw. zu einem späteren Zeitpunkt Nahrung) in der oralen Phase der Schlucksequenz.

„Zur Durchführung automatischer Reinigungsbewegungen innerhalb des Mundes, zum Essen und Trinken und ganz besonders zum Sprechen, muß die Zunge sich selektiv und sehr schnell bewegen können.“ (Davies, 1994)

Diese Aussage beschreibt bereits die Ziele der Zungenbehandlung. Bei H. P. stand die Förderung endgradiger selektiver und aktiver Bewegungen der Zunge innerhalb und außerhalb des Mundes, besonders nach rechts und oben, im Vordergrund. Die Kombination hemmender und fazilitierender Faktoren war besonders in diesem Bereich wichtig, da Herr P. den Mangel an aktiver Zungenbeweglichkeit durch schiebende Bewegungen des Kiefers und der Lippen kompensierte (Abb. 4a-f).

Abb. 4a-f: Fazilitation eines normalen Bewegungsmusters innerhalb der Aktivität „Zungenspitze zur Oberlippe" - Alltagsbezug: Ablecken der Oberlippe

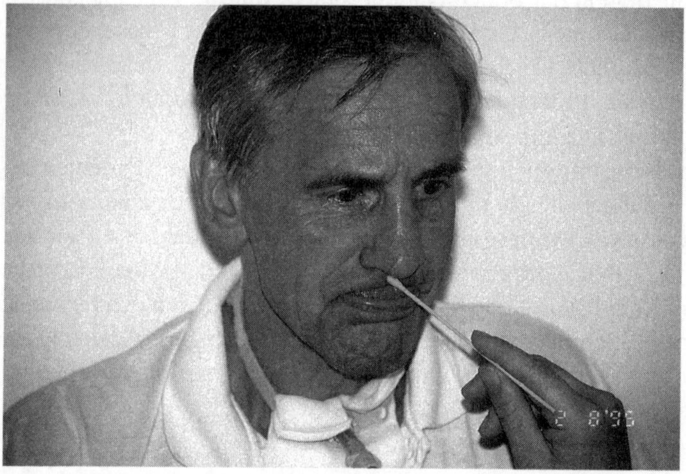

Abb. 4a: Provokation des abnormen Musters:
Der Patient ist nicht in der Lage, die Zungenspitze aktiv nach oben zu bewegen. Er schiebt mit der Unterlippe nach. Der M. mentalis ist angespannt.

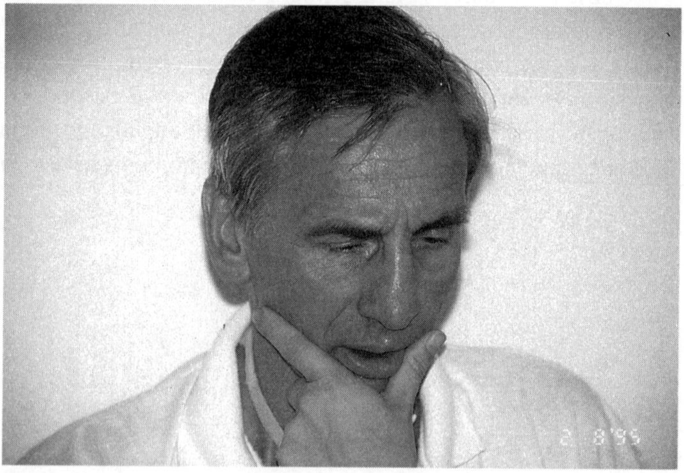

Abb. 4b: Die Überaktivität der Unterlippe und des Musculus mentalis werden gehemmt.

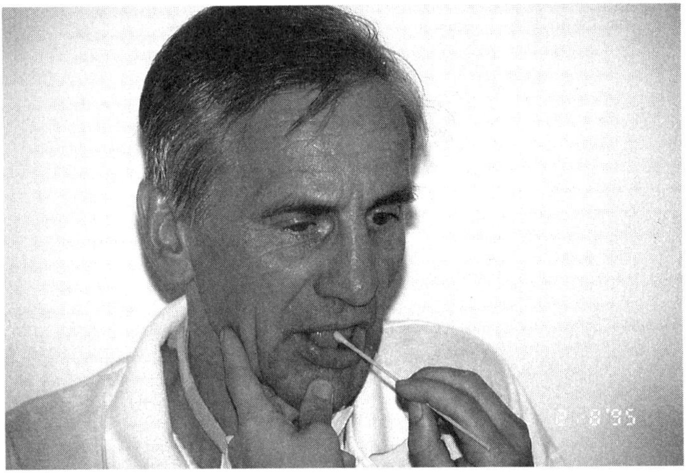

Abb. 4c: Zunächst wird die Zunge zur Fazilitation der Spitze berührt ...

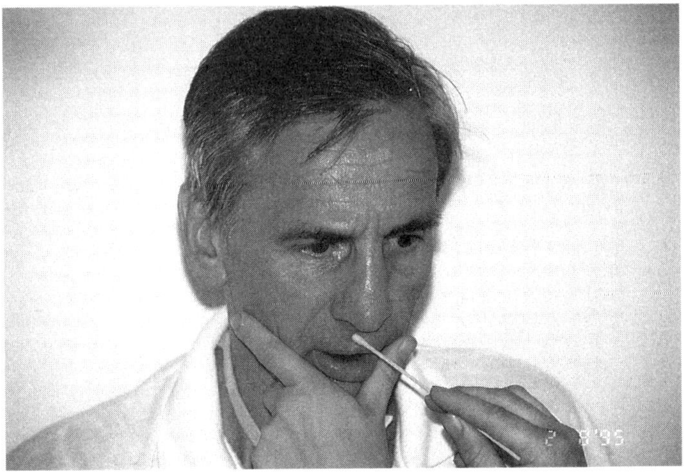

Abb. 4d: ... Dann wird das Ziel taktil identifiziert.

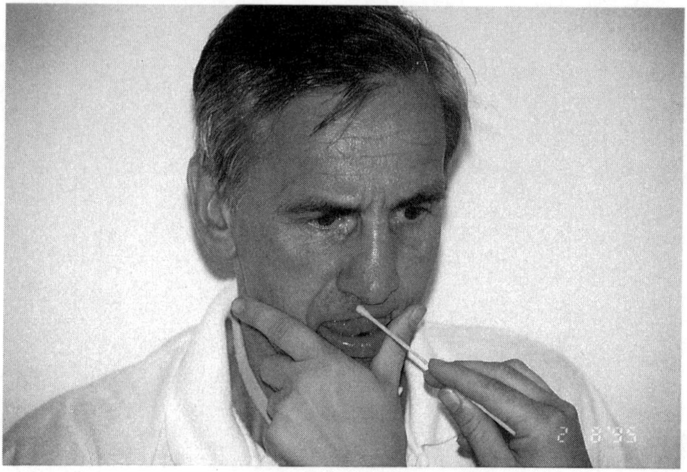

Abb. 4e: Unter Beibehaltung der Hemmung wird die Zunge aktiv bewegt.

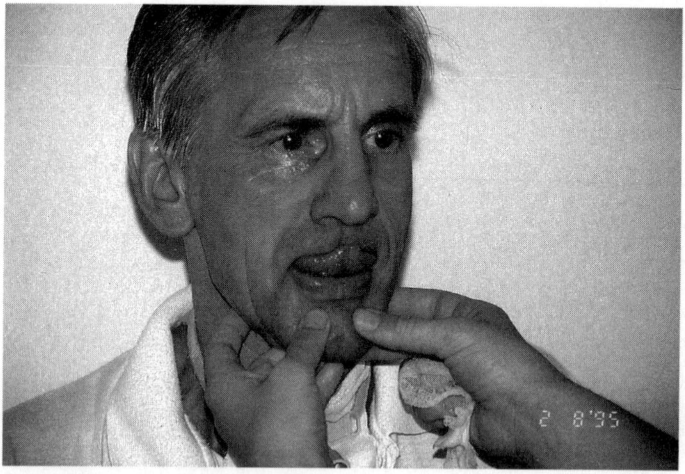

Abb. 4f: Die Zunge zeigt ein normales aktives Bewegungsmuster mit deutlicher Zungenspitze bei reduzierter externer Hilfe.

Zunächst wurde mit klaren taktilen und geschmacklichen Stimuli (z.B. etwas Joghurt) gearbeitet, um gezielte Bewegungen zu erreichen. Wenn diese nicht endgradig ausgeführt werden konnten, wurde die Zunge passiv mit Gaze zum Ziel mobilisiert. Um eine maximale Stimulation des hinteren Zungenanteils und der damit verbundenen Muskulatur (Gaumenbogen) zu erreichen, wurde die Artikulation der Laute „g" und „k" unter dosierter Fixierung des vorderen Anteils der Zunge mit Gaze einbezogen (Abb. 5). Gezielte Fazilitation ermöglichte H. P. nach und nach die koordinierte und klare Artikulation des „n-ng"-Lautes. Dieser ist ein Indikator für die Möglichkeit der aktiven horizontalen Transportbewegungen („Wellenbewegung") der Zunge in der oralen Phase der Schlucksequenz.

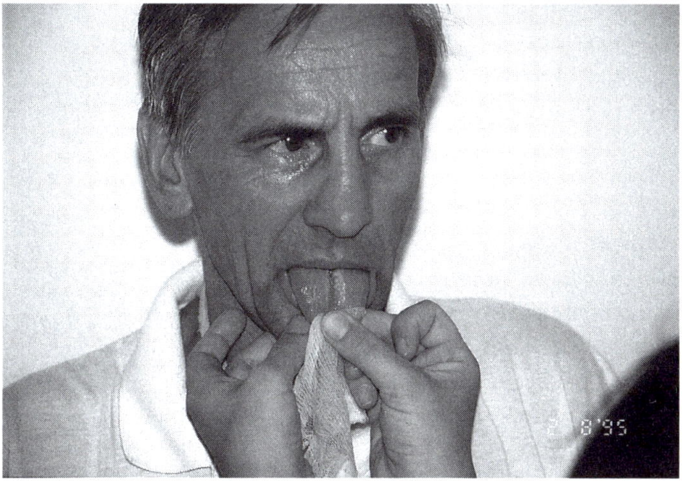

Abb. 5: Dosiertes Halten der Zunge mit Gaze: Herr P. artikuliert die Laute „g" und „k". Mobilität und sensibles Input des hinteren Zungenanteils werden maximiert. Es kommt zur indirekten Stimulation des Gaumenbogens, der in muskulärer Verbindung zum hinteren Zungenanteil steht.

Die komplexe Anforderung, die beim Sprechen an die Zunge gestellt wird, konnte zum Entlassungszeitpunkt noch nicht normal bewältigt werden. Herr P. konnte seine Zunge bewegen, durch Verlangsamung und Koordinationseinschränkung klangen verbale Äußerungen jedoch verwaschen. H. Ps. Ehefrau bestätigte eine zunehmende Verständlichkeit des Sprechens. Ihr Mann war am Telefon immer besser zu verstehen.

Zur Förderung komplexer und koordinierter Mobilität des oralen Traktes (z.B. Koordination zwischen Lippen, Zunge und Wangen) wurde die therapeutische Aktivität „Kauen in Gaze" mit einbezogen (Abb. 6). Dies mußte zunächst eingestellt werden, da der Patient kleine Nahrungspartikel Minuten nach der Aktivität über die Trachealkanüle aushustete, diese also aspiriert hatte. Statt dessen wurde abstrakter gearbeitet und der Transportaspekt durch gezieltes, laterales Bewegen des „NUK-Putztrainer" innerhalb des Mundes einbezogen.

Trotz des vorsichtigen Vorgehens bei der Behandlung entwickelte der Patient eine Aspirationspneumonie. Zur Akutbehandlung befand er sich vom 10. bis 30. Juni 1995 in der Universitätsklinik Dresden. Wie ein behandelnder Arzt berichtete, wurden erneut operative Verfahren (Laryngektomie) diskutiert.

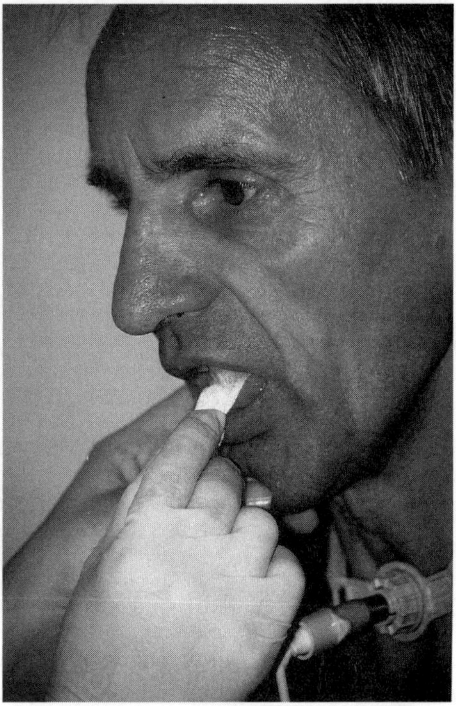

Abb. 6: Kauen in Gaze zur Anbahnung der Bolusformung: Laterale Transportbewegungen der Zunge, koordinierte Zusammenarbeit zwischen Zunge und Wange halten das Kaugut auf den Zähnen. Gleichzeitig kommt es zu mahlenden Kieferbewegungen. Zwischenschlucken erfordert Koordination zwischen Kauen, Atmung und Schlucken. Beachte: entblockte, verschlossene Trachealkanüle.

Koordination zwischen Atmung und Schlucken. Förderung des normalen Luftweges und spontanes Schlucken

Nach H. Ps. Wiederaufnahme aus dem Akutkrankenhaus wurde die F.O.T.T. unter der gleichen Zielsetzung wie zuvor durchgeführt. Die Behandlungsfrequenz wurde jedoch auf zweimalige Behandlung à 30 Minuten an Wochentagen umgestellt. Dies basierte auf der Überlegung, die Dauer der Entblockungszeit pro Behandlungseinheit zu reduzieren. Es war zu beobachten, daß nach ca. 30 Minuten ein Ermüdungseffekt einsetzte, der H. P. das Schlucken erschwerte. Dies zeigte sich durch ein vermehrtes Ausspucken von Speichel. Zusätzlich konnte so die taktile Stimulation mit Eis zweimal täglich durchgeführt werden. Es kam somit zu der in der Literatur empfohlenen wiederholten Stimulation. (Nusser-Müller-Busch, 1994, empfiehlt vier- bis fünfmalige thermale Stimulation pro Tag; Logemann, 1983 sogar zehnmal täglich.)

Die Stimulation mit kleinen Mengen von Nahrungsmitteln (z.B. kalter Saft zur taktilen Stimulation) wurde aufgegeben, um deren Aspiration zu vermeiden.

Die Bahnung des normalen Atemweges wurde ab dem 8. August 1995 konsequent verfolgt. Dem Patienten wurde so die Möglichkeit ständiger Stimmkontrolle während der Therapie eingeräumt. Das äußere Kanülenende konnte nach dem Entblocken der Trachealkanüle mit einem großen Wattebausch verschlossen werden (Abb. 6). Trotz des behinderten Luftstroms aufgrund der Trachealkanüle hatte Herr P. ausreichende Möglichkeit zu atmen. H. P. stellte einerseits durch seinen Stimmklang fest, wann es an der Zeit war zu schlucken bzw. notfalls auszuspucken. Gleichzeitig hustete er kaum noch Speichel über die Kanüle ab und die Schluckfrequenz nahm stetig zu. Der Luftstrom über Larynx und Pharynx ermöglichte dem Patienten, mehr zu spüren und erleichterte ihm somit das Schlucken. Dies entspricht den oben erläuterten Prinzipien des senso-motorischen Lernens.

In den folgenden Wochen verbesserte sich H. Ps. Möglichkeit, die „gurgelnde" Stimme durch Schlucken zu beseitigen, deutlich. Ferner wurde die Zeit zwischen dem Nutzen des normalen Atemweges (entblockte und geschlossene Kanüle) und dem ersten Ausspucken von Speichel dokumentiert. Eine deutliche Steigerung von dreißig Sekunden am 15. August auf eine Stunde am 10. Oktober konnte so festgestellt werden. Aspirationszeichen (Stimme, Husten ...) wurden beachtet. Der Patient hatte gelernt, über diesen Zeitraum seinen Speichel sicher zu schlucken, welches einen erheblichen Therapieerfolg dokumentiert.

H. P. erlernte über den Weg der entblockten, verschlossenen Trachealkanüle einen weiteren, bedeutenden Schutz der Atemwege. Spontanes Husten mit anschließendem Schlucken war ihm nur möglich, wenn er über den normalen Weg - Nase oder Mund, Rachen und Kehlkopf - atmete. Ansonsten erschien, wie gehabt, Speichel am äußeren Kanülenende ohne das geringste Anzeichen eines Hustens. Aufgrund der genannten Fortschritte wurde die Behandlung auf zweimal täglich 45 bis 60 Minuten ausgedehnt.

3.5 Zweiter Behandlungsabschnitt

Beginn der therapeutischen Nahrungsgabe

Auswirkung der Störung des Facio-Oralen Traktes

- Versorgung mit **geblockter Trachealkanüle;**
  Trachealkanüle während F.O.T.T. konsequent entblockt

- Ernährung vollständig über **PEG**

- Fähigkeit **Speichel** zu schlucken:
  bei entblockter, verschlossener Kanüle
  Stimme über 5 Minuten frei, ohne Ausspucken

- Möglichkeit des unwillkürlichen **Hustens** (verspätet)
  Schlucken nach Husten (verlangsamt)

- **Kommunikation** über Mimik/Gestik, sowie Schreibtafel
  verständliches Sprechen bei entblockter Trachealkanüle

Ziele

Sicheres und physiologisches Speichelschlucken
- in jeder Ausgangsstellung und Situation

Spontanes, rechtzeitiges Husten
- mit sofort folgendem Schlucken

Sicheres Schlucken kleiner Nahrungsmengen

Atemweg über Mund/Nase konstant ermöglichen durch **„Sprechkanüle“**
- verbale Kommunikation
- sensible Rückmeldung

Maßnahmen

Konsequentes Entblocken und Schließen der Trachealkanüle
mit folgenden Schwerpunkten:
- zeitliche Ausdehnung der Entblockung
- Speichelschlucken fazilitieren
- Husten unterstützen, Schlucken fazilitieren
- Arbeit in verschiedenen Ausgangsstellungen

therapeutische Nahrungsgabe
nach intensiver Vorbereitung durch:
- taktile Stimulation mit Kälte
- aktive und passive Zungenbewegungen
  gezielt
  ausdauernd
  schnell

(wie in Kapitel 3.4. beschrieben)

Diskussion der Möglichkeiten und Gefahren im Einsatz oraler Nahrung

Die intensive Therapie sensomotorischer Grundfähigkeiten ermöglichte H. P. spontanes Speichelschlucken und effektiveres Husten. Es stellte sich folgende Frage: Reichte die Fähigkeit des Patienten, Speichel zu schlucken aus, um Material (Nahrung und Flüssigkeit) als sensorischen Stimulus einzusetzen, ohne dadurch den Patienten zu gefährden?
Wie oben geschildert, war H. Ps. Sensibilität im oralen und pharyngealen Bereich trotz Besserung reduziert. Taktile Stimulation mit Eis erleichterte das Schlucken. Diese Beobachtung erklärt Davies (1994) folgendermaßen: Speichel zu schlucken ist schwierig, da er keinen Geschmack hat und auch keinen Temperaturreiz darstellt. Ferner sollte die positive Verbindung zwischen Geschmack und Lebensqualität berücksichtigt werden.

Coombes stellt folgende Kriterien für den Beginn oraler Nahrungsgabe auf:
- sicheres Speichelschlucken
- effektives, spontanes Husten
- ausreichende orale und pharyngeale Beweglichkeit

Kriterien im Fall H. P.

- **Fähigkeit, Speichel zu schlucken**
  entblockte, verschlossene Kanüle*
  Stimme über 5 Minuten „frei“, ohne Ausspucken
  * Problem, da eine blockbare Kanüle verdeutlicht, daß Speichelaspiration vorliegt

- **Schutzmechanismen bei Aspiration**
  unwillkürliches Husten
  Husten/Schlucken möglich

Anmerkungen

Nahrung stellt einen Stimulus für Bewegung dar.
So bietet ein Apfelstückchen, z.B. beim Kauen in Gaze, einen deutlichen Kontrast. Speichel ist im Gegensatz dazu warm und leicht, also schlechter wahrnehmbar.
Die Fazilitation normaler Bewegung durch Nahrung bei ausreichendem Schutz der Atemwege ist daher sinnvoll.

Herr P. hatte in Behandlungen mit entblockter, geschlossener Trachealkanüle bewiesen, daß er seine Stimme durch Speichelschlucken etwa 5 Minuten „frei" halten konnte. Er war außerdem in der Lage, spontan zu husten, mit anschließendem Schlucken. Mit diesen Voraussetzungen begann ein Kollege, der Herrn P. vertretungsweise behandelte, dem Patienten am Ende jeder Behandlung etwa drei kleine Schlucke Tee anzubieten. Dabei blockte der Therapeut die Trachealkanüle, um Aspiration zu vermeiden. Anschließend wurde die Trachealkanüle entblockt, so daß der Patient Reste, die sich oberhalb des Blocks angesammelt hatten, abhusten konnte. Zirka ein Drittel des Tees wurde über die Kanüle abgehustet. Logemann (1983) fordert, daß der Patient weniger als 10% aspiriert, wenn therapeutische Nahrungsgabe zum Einsatz kommt. Das Risiko wurde jedoch aufgrund H. Ps. kräftigen, spontanen Hustens in Kauf genommen. Dennoch wurden vorsichtigerweise nur sehr kleine Mengen Flüssigkeit verabreicht.

Die Methode wurde auch von Herrn Ps. Haupttherapeutin beibehalten, wobei jedoch auf die Blockung der Trachealkanüle verzichtet wurde. Mit folgender Begründung fiel erneut eine Entscheidung gegen „Kompensationstechniken" (hier Schlucken mit geblockter Kanüle): Der normale Atemweg erleichterte Herrn P. das Spüren der Nahrung und somit das Schlucken. Darüber hinaus bewegte sich der Kehlkopf beim Schlucken freier, wenn der Block nicht an der Trachealwand anlag. Eine geblockte Trachealkanüle bietet keine hundertprozentige Sicherheit gegen Aspiration unterhalb der Blockung.

Behandlungsaufbau

Gestaltung der therapeutischen Nahrungsgabe

Therapeutische Nahrungsgabe erfolgte zunächst lediglich in Form von kalter, angedickter Flüssigkeit, kalter, breiiger Speise und Kauen in Gaze.
Dickflüssige, kalte **Getränke** konnten am leichtesten geschluckt werden. Dieses Phänomen ist damit zu erklären, daß hierbei die **geringste Anforderung an komplexe Koordination** der oralen Bewegungen, oro-pharyngealen Bewegungen und Atmung gestellt wird:

- Die Koordinationsleistung, die die Bolusformung erfordert (Kauen mit Zwischenschlucken, Mischen der Nahrung mit Speichel und Sammeln der Speise zum Bolus), entfällt.
- Die hochkomplexe Boluskontrolle („Parken" der Nahrung) bei zwischenzeitlichen Atemzügen ist nicht erforderlich.

Trinken zeichnet sich ferner durch verschiedene **Charakteristika** aus: Das Schlukken von Flüssigkeit erfolgt bei normaler Koordination zwischen Schlucken und Atmung nach Einatmung. Nach einmaliger Flüssigkeitsabnahme vom Gefäß wird der Schluckvorgang ca. dreimal eingeleitet. Dieser automatisierte Ablauf war H. P. verlorengegangen. Nach willkürlicher Einatmung benötigte er zwischen vier und acht Schlucken. Erst dann waren Residuen im Mund-, Rachen- und Kehlkopfbereich beseitigt, wie der Test des Stimmklangs bewies. H. P. war aufgrund des zeitlich verzögerten Ablaufes zwischenzeitlich in Gefahr, Material, das er noch nicht heruntergeschluckt hatte, einzuatmen.

Das Diagramm H. P. 3 (s. S. 133) stellt die **qualitativen und quantitativen Therapiefortschritte** während des Trinkens dickflüssiger, kalter Getränke dar:

- Klinische Aspirationszeichen, z.B. Husten, traten ab Oktober 1995 in den Hintergrund.
- Restflüssigkeit wurde nicht mehr ausgespuckt.
- Die oral aufgenommene Flüssigkeitsmenge konnte kontinuierlich gesteigert werden.

Dabei nahm H. P. zunehmend größere Mengen Flüssigkeit vom Glas ab, was zwischenzeitlich (19.10. und 9.11.) zum Eindringen von Flüssigkeit in die Nase führte.

Kalte, breiige Konsistenzen wurden aufgrund der erhöhten Koordinationsanforderung zunächst nur in sehr geringen Mengen eingesetzt. Vorab erfolgte eine intensive Vorbereitung durch taktile Stimulation, aktive Zungenübungen und dosiertes Trinken. Erst dann aß H. P. zum Beispiel drei Teelöffel kalten Joghurt.
Kauen in Gaze wurde ebenso ausgiebig vorbereitet. Einerseits stellte das Kauen eine positive Anforderung an laterale Bewegungen der oralen Strukturen dar, andererseits war die erforderliche Koordination zwischen Atmung und Schlucken für H. P. eine grenzwertige Herausforderung. Zur Erleichterung der Situation kamen zunächst überwiegend „trockene" Speisen (z.B. Trockenobst) zum Einsatz. Dies verhinderte das Überlaufen von Flüssigkeit in den Rachen während der Atmung.

Von der geblockten Trachealkanüle zur Sprechkanüle und zur verbalen Kommunikation

Nun sollte die erreichte Sicherheit des Speichelschluckens auch außerhalb der F.O.T.T. nutzbar werden. Nach einer Beratung mit dem HNO- und dem behandelnden Arzt wurde die Fähigkeit des Patienten getestet, seine Trachealkanüle selbständig zu entblocken und ein „Test-Telefonat" mit seiner Frau nach Rostock durchzuführen. Der Patient konnte sicher 10 Minuten lang sprechen, mußte aber zwischenzeitlich ausspucken. Es gelang ihm, aspirationsfrei zu telefonieren. Nach diesem Versuch wurde dem Patienten erlaubt, täglich für 10 Minuten seine Kanüle zu entblocken, um seine Frau anzurufen. Dies war ein erheblicher Fortschritt für Herrn P. Aufgrund der großen räumlichen Distanz besuchte seine Frau ihn nur an jedem zweiten Wochenende. Bei den täglichen Anrufen konnte er bis dahin lediglich Ja-Nein-Fragen durch Klopf- und Kratzzeichen am Telefonhörer beantworten. Die Entblockungszeit konnte langsam auf 9 Stunden pro Tag gesteigert werden (Diagramm H. P. 2, S. 132). Zunächst verbrachte Herr P. die entblockten Zeiten in Situationen, die durch verbale Kommunikation geprägt waren. Dazu gehörten Telefonate und die neuropsychologische Gedächtnisgruppe. Die ständige Stimmkontrolle verbunden mit dem entsprechenden sensiblen Feedback ermöglichten ein effektives Schlucken (s. Diagramm H. P. 2, S. 132). „Zeiten zur freien Verfügung" wurden kontinuierlich als Steigerung der Anforderung hinzugenommen (z.B. s. Diagramm H. P. 2, S. 132). Am 13. Oktober wurde die geblockte Trachealkanüle durch eine Sprechkanüle ersetzt.

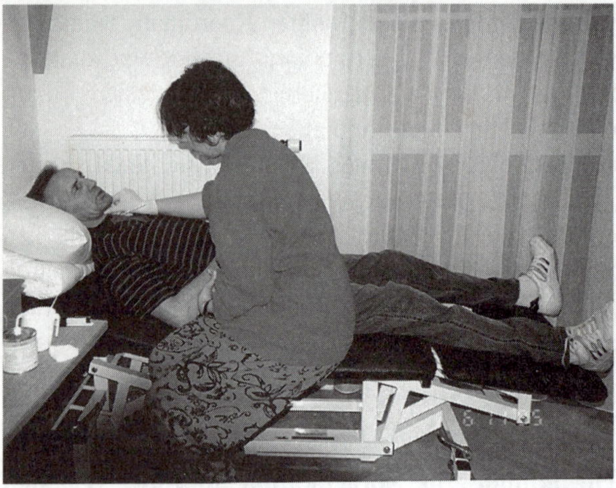

Abb. 7a-b: PROBLEM!

Nimmt der Patient, wie gewohnt, zum Schlafen die Rückenlage als Position ein, so läuft der Speichel mit der Schwerkraft in den Rachen. Ferner fällt das Schlucken schwer. H. P. muß sich immer wieder zum Abhusten und Ausspucken aufsetzen.

Begleitende Maßnahmen

In den ersten Wochen mit Sprechtrachealkanüle und oraler Ernährung wurde die **Körpertemperatur** des Patienten gewissenhaft überwacht. Die Temperaturspitze lag bei 38 °C. Nach wenigen Tagen lagen stetig Normalwerte vor. Dies wurde aufgrund der Pneumonieerkrankungen aus Herrn Ps. Vorgeschichte als ein weiteres Zeichen für effektive Schluck- und Schutzmechanismen angesehen.

H. P. leitete das Schlucken häufig willkürlich ein. Dies stellte insbesondere nachts ein Problem dar, da der Ablauf im **Schlaf** nicht kontrollierbar war. Der Patient schlief wenig, da er Speichelansammlungen zwar spürte, sie aber in der gewohnheitsmäßig eingenommenen Rückenlage nicht abschlucken konnte. Immer wieder mußte er sich zum Ausspucken und Abhusten aufsetzen (Abb. 7a-b).

Die selbsterdachte Problemlösung des Patienten war das Entfernen der Innenkanüle und des Sprechaufsatzes. Dies ließ ihn ruhiger schlafen, jedoch mit deutlicher Aspiration von Speichel. H. P. spürte ihn infolge der veränderten Atemsituation nicht. Die therapeutische Problemlösung beinhaltete einerseits die Erarbeitung der Seitlage als Schlafposition (Abb. 7c); Speichel sammelte sich in den Wangen und lief nicht durch die Schwerkraft bedingt ungeschluckt in den Rachen, wie das in Rückenlage geschah. Andererseits schlief der Patient unter leichter Schlafmittelgabe mit intakter Sprechkanüle. Dies ermöglichte die Einleitung des spontanen Schluckens über sensorisches Feedback.

Abb. 7 b

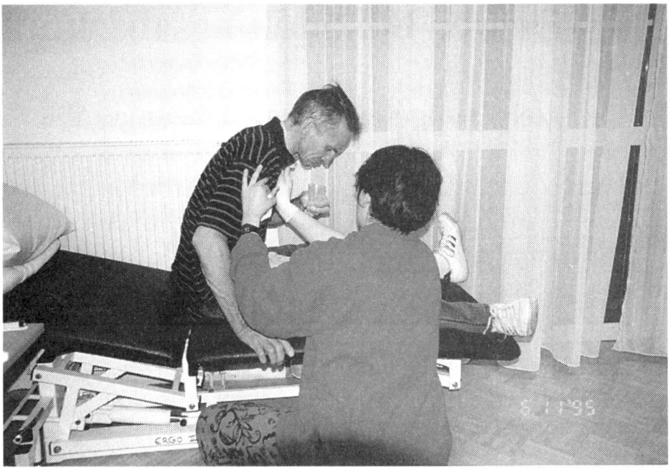

Abb. 7c:
LÖSUNGSANSATZ!
Liegt der Patient auf der Seite, so kommt er leichter zum Schlucken.
Nicht geschluckter Speichel sammelt sich in der Wange.

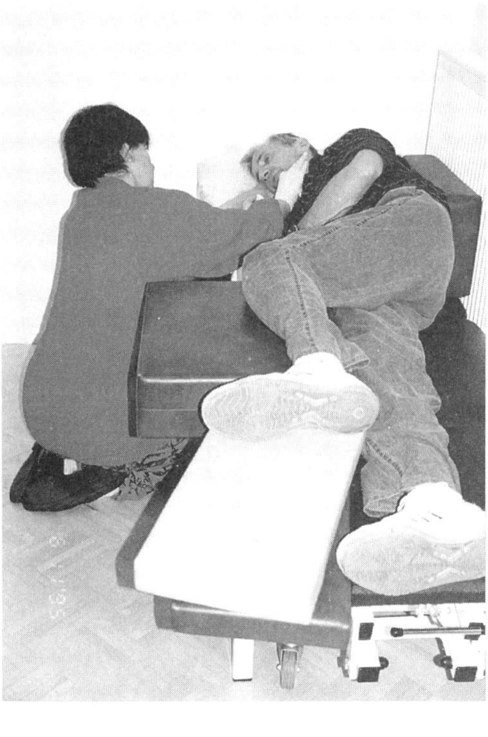

3.6 Dritter Behandlungsabschnitt

Steigerung der oralen Nahrungsgabe

<u>**Auswirkung der Störung des Facio-Oralen Traktes**</u>

- Versorgung mit **Sprech-Trachealkanüle**
- Ernährung über **PEG,**
  geringe Menge oraler Nahrung unter therapeutischen Gesichtspunkten
- Überwiegend sicheres **Speichelschlucken**
- Möglichkeit des **unwillkürlichen Hustens,**
  gefolgt von spontanem Schlucken
- Verständliche **verbale Kommunikation**

<u>**Ziele**</u>

Konstant sicheres und physiologisches Speichelschlucken

Volle orale Nahrungsaufnahme

Orale Aufnahme verschiedener Nahrungskonsistenzen

Maßnahmen

Fazilitation sensomotorischer Grundfähigkeiten,
beschrieben unter Pkt. 3.4

Steigerung der Nahrungsmenge
zu beachtende Faktoren:
- Sicherheit!
- Dauer der Nahrungsaufnahme!
- Qualität der Bewegungsabläufe!

bis hin zur (kompletten) Mahlzeit

Steigerung der Häufigkeit oraler Nahrungsaufnahme
- von ein- bis zu dreimal täglich
- anspruchsvollere Vorübungen (z.B. Zungenübungen, Gaze kauen)
- größere Nahrungsmengen
- vielfältigere Konsistenzen

durch supervidiertes, selbständiges Heimprogramm

Nahrungsangebot im Fall H. P.

1. Stufe	
+ angedickte, kalte	## **Säfte** # unangedickt, Zimmertemperatur **& Kauen in Gaze ##**
2. Stufe	
++ kalter ##	**Brei** # warm
3. Stufe	
+++ kalte ##	**weiche Kost** # warm

Die Zunahme des Schweregrades wird bewirkt durch:

- Koordination zwischen Atmung und Schlucken
  wird kontinuierlich anspruchsvoller von Stufe 1-3
  - \+ leicht
  - ++ mittelschwer
  - +++ schwer

- sensorische Information
  wird innerhalb der Stufen reduziert
  - ## Deutliche Kontraste (Gewicht, Temperatur und Widerstand), viel Spürinformation erleichtert das Schlucken.
  - # Reduzierte Kontraste, weniger Spürinformation erschwert das Schlucken.

Detaillierte Erläuterung siehe S. 116, S. 125.

Behandlungsaufbau

Positionierung

Das Einnehmen einer adäquaten Ausgangsstellung ist eine unerläßliche Voraussetzung für die erfolgreiche und ökonomische Durchführung von Alltagsleistungen. H. Ps. Sitzposition im Rollstuhl bildete, wie bei vielen neurologischen Patienten, keine geeignete Voraussetzung für die Nahrungsaufnahme. Seine Bewegungsmuster waren in dieser Situation geprägt von Tonuserhöhung in der prä-oralen Phase, die sich in den weiteren Phasen der Schlucksequenz fortsetzte (Abb. 8a-b).

Abb. 8a-b: PROBLEM!
Ausgangsstellung: Sitzen im Rollstuhl. Es kommt zur Tonuserhöhung beim selbständigen Trinken.

Abb. 8a: Prä-orale Phase - übermäßiger Tonusaufbau beim Ergreifen des Bechers.

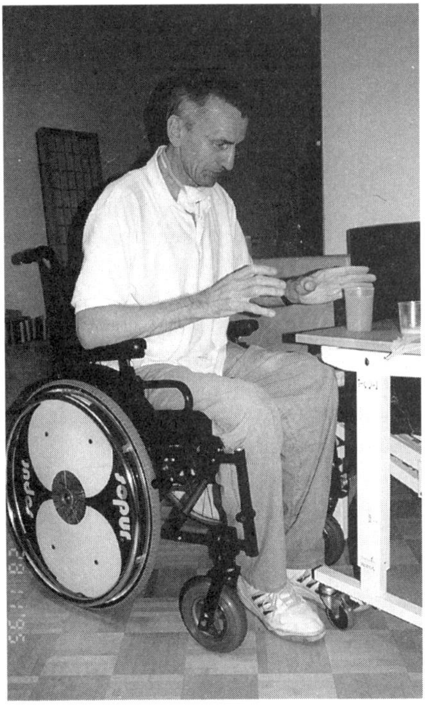

Abb. 8b: Während des Trinkens - fixierendes Festhalten der rechten Hand am Rollstuhl-Seitenteil.

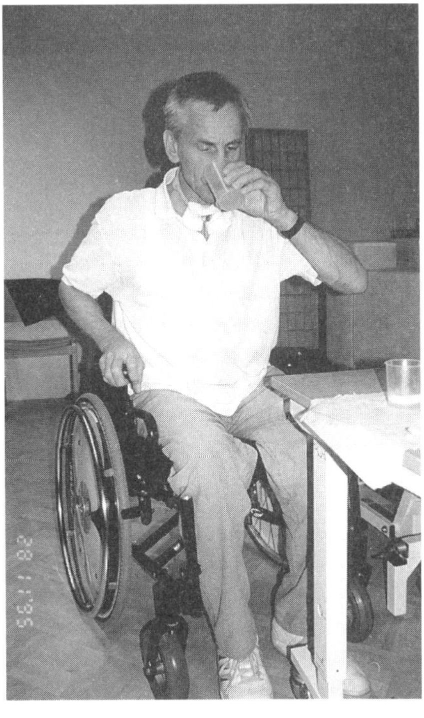

Als natürliche Ausgangsstellung wurde das Sitzen am Tisch gewählt. H. P. war mittlerweile in der Lage, sich selbständig aus dem Rollstuhl auf einen normalen Stuhl umzusetzen. Die Tischhöhe wurde so eingestellt, daß der Patient die Unterarme bei aufgerichtetem Rumpf und entspanntem Schulter-Nackenbereich ablegen konnte. Die Unterstützungsfläche ermöglichte ihm dosierten und ökonomischen Tonusaufbau in den Bewegungsabläufen der prä-oralen Phase. Während eine Hand locker auf der Tischoberfläche lag, konnte mit der anderen das Glas zum Mund geführt werden (Abb. 8c-d). Zum Schlucken wird die normale Mittelstellung des Kopfes eingenommen (Abb. 8e).

Abb. 8c-d: LÖSUNGSANSATZ! Sitzen auf einem Stuhl am Tisch.

Abb. 8c: Aufrichten des Rumpfes: Das Becken wird vorgekippt, die Schultern leicht nach vorne genommen und die Unterarme auf dem Tisch abgelegt.

Abb. 8d: Selbständiges Trinken bei korrigierter Sitzhaltung: Die locker auf dem Tisch abgelegte rechte Hand spiegelt normalere Tonusverhältnisse wider.

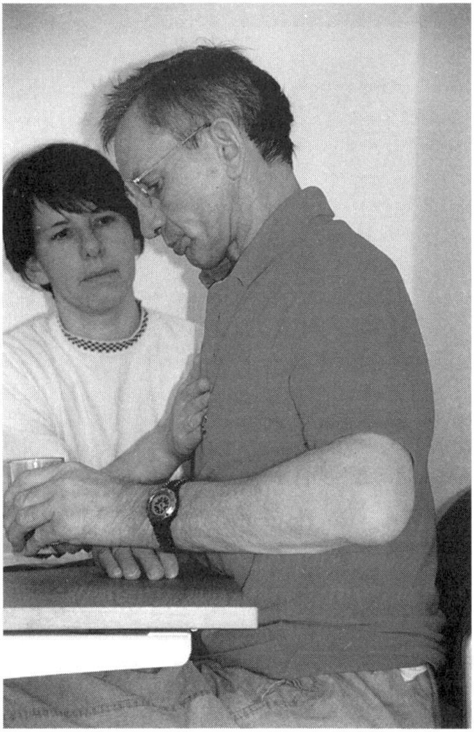

Abb. 8e: Während das Glas abgesetzt wird, nimmt H. P. das Kinn leicht zur Brust, der Nacken wird lang - die für das normale Schlucken günstigste Position.

3

Oraler Kostaufbau

Therapie mit Einsatz von Nahrungsmitteln trat mit ausreichender Schlucksequenz, effektivem Husten und zunehmender Sensomotorik des Facio-Oralen Traktes in den Vordergrund.
Herr P. erhielt weiterhin täglich Therapie. Die Anforderungen wurden kontinuierlich erhöht, ohne den Patienten zu überfordern. Die Methodendarstellung zu Beginn dieses Kapitels stellt dies dar. Eine Steigerung erfolgte, sobald der Patient die Schlucksequenz bei einer Konsistenz sicher, koordiniert und ohne Anstrengung bewältigte. Veränderungen bewegten sich entweder im Bereich der Stufen des Nahrungsangebotes, der Erhöhung der Nahrungsmenge oder der Frequenz der Nahrungsaufnahme (siehe Übersicht, S. 122). So nahm der Patient zunächst Flüssigkeit (1. Stufe), dann Brei (2. Stufe) und zuletzt weiche Kost (3. Stufe) oral zu sich. Jede Konsistenz wurde zunächst kalt, später warm angeboten.
Zum Entlassungszeitpunkt war Herr P. in der Lage, weiche Kost und ausreichende Mengen an Flüssigkeit zu sich zu nehmen (Abb. 9-10).

Abb. 9: Verzehr einer Scheibe Weißbrot mit Butter und Marmelade in der F.O.T.T.-Stunde

Im Therapieverlauf hatte H. P. ein ausgezeichnetes Verständnis für die Funktionsweise des Facio-Oralen Traktes entwickelt. Die Erfahrung zeigt, daß nur ein Teil neurologischer Patienten kognitiv dazu in der Lage ist. Ein gezieltes **„Heimprogramm“** wurde in den Therapiestunden zusammengestellt. Eigenständiges „Wiederholen“ der normalen Bewegungsabläufe der Schlucksequenz wurde zum Bestandteil des Alltags. Der Patient erreichte damit die vierte Stufe des sensomotorischen Lernens.

Zunächst standen „Trockenübungen“, also alltagsorientierte Bewegungen ohne Nahrung, im Vordergrund: H. P. nahm die erarbeitete Sitzhaltung auf einem normalen Stuhl am Tisch ein. Dann stimulierte er sein Zahnfleisch durch gezielte Zungenbewegungen. Diesem Ablauf lag die taktile Stimulation der Zahnfleischviertel nach Coombes zugrunde. Die entsprechenden Zungenbewegungen dienen im Rahmen des Essens und Trinkens zur Reinigung des Mundes.

Selbständiges Trinken von 200 ml kalter, angedickter Flüssigkeit ergänzten das Programm bald. Zu diesem Zeitpunkt war die Aufnahme von dünnflüssiger,

zimmertemperierter Flüssigkeit und Joghurt innerhalb der F.O.T.T.-Stunden sicher möglich. Als nächstes wurde die Durchführungshäufigkeit des Programms von ein- auf dreimal täglich - zu den „Essenszeiten" - erhöht. Dies diente der weiteren Stabilisierung zum Essen benötigter Fähigkeiten und der Schaffung „mahlzeitenartiger" Situationen. Graduell konnte die oral aufgenommene Nahrungsmenge so gesteigert werden. Herr P. führte unter Supervision täglich Ernährungsprotokolle. Die die orale Nahrung ergänzende Sondennahrung konnte so dosiert werden. Darüber hinaus wurden stabilisierte Fähigkeiten und auftretende Probleme offenkundig. Die Anforderungen wurden dementsprechend angepaßt.
Das Weihnachtsfest verbrachte Herr P. gemeinsam mit seiner Familie, die ihn besuchte. Schon Wochen zuvor betonte er, daß er mit seinem Besuch zur Kaffeezeit auch etwas Kuchen essen und Kaffee trinken wolle. H. P. war überglücklich, als er dieses Ziel kurz vor den Feiertagen erreichte.

Ab Anfang Januar 1996 gestaltete sich das Heimprogramm sehr umfangreich und entsprach fast einer Mahlzeit.

Beispiel

Ausgangsposition:
- Aufrechte Sitzhaltung am Tisch!
- Unterarme auf dem Tisch ablegen!

Übungsprogramm:
a) Zungenübungen
b) Kauen von 4 Stückchen Apfel ohne Schale in Gaze
   Kauen von 2 Stückchen Trockenobst ohne Gaze
c) 1 Joghurt (ohne Stückchen), 150 ml
d) 150 ml Energietrunk (nährstoffangereichert)
e) 200 ml Saft
f) 100 ml Kaffee

H. P. benötigte 45 Minuten zur sicheren Durchführung des Programms. Im weiteren Verlauf des Januar 96 wurden die Heimprogrammzeiten zu Mahlzeiten mit passierter Kost umfunktioniert. Am 26.2.1996 wurde die infizierte PEG gezogen und nicht erneuert, da es dem Patienten unter Zuhilfenahme angereicherter flüssiger Nahrungspräparate gelang, in ausreichendem Maße orale Kost zu sich zu nehmen. In den Wochen bis zur Entlassung wurde pro Mahlzeit höchstens ein Husten mit sicherem Nachschlucken beobachtet. Oraler Ernährung mit weicher Kost im häuslichen Bereich stand nichts entgegen.

Vorbereitung der Entlassung

Die Ehefrau wurde im Therapieverlauf und insbesondere gegen Ende der stationären Behandlung mit einbezogen. Mit dem Ehepaar P. und einem Diätassistenten wurde die Gestaltung der oralen Nahrungsaufnahme daheim, auch im Sinne einer ausgewogenen Ernährung, abgestimmt. Zum Entlassungszeitpunkt war die Gabe nährstoffreicher trinkbarer Präparate unerläßlich. Eine entsprechende Produktempfehlung wurde dem Patienten ausgehändigt.

Die Dekanülierung erfolgte am 12.2.1996. Der Patient mußte zu diesem Zeitpunkt nicht mehr abgesaugt werden. Am Entlassungsdatum, dem 1.3.1996, war das Tracheostoma noch nicht verheilt. Gelegentlich entwich Luft, was einem effektiven Druckaufbau zum Husten entgegenwirkte.

H. Ps. ergotherapeutische Behandlung stellte sich aus statistischer Sicht folgendermaßen dar:

- Einzeltherapie (344 x 45 Minuten)
  + Therapie des Facio-Oralen Traktes incl. Angehörigenberatung
  + Anleitung zu selbständigen Schreibübungen
    (Mit Hilfe einer kleinen Schreibhilfe konnte H. P. eine gut lesbare Unterschrift leisten.)
  + Gespräche über die häusliche Situation
    (Der Umzug in eine rollstuhlgerechte Wohnung wurde vorbereitet und erfolgte im Frühjahr 1997.)

  Gestaltung der Hilfsmittelversorgung in Zusammenarbeit mit Physiotherapie und Sozialdienst

- Gruppentherapie (15 x 30 Minuten) - Feinmotorikgruppe

Eine **ambulante Fortführung** der F.O.T.T. wurde dringend empfohlen, erfolgte aber leider nicht. H. P. hatte zum Glück so viel über die Funktion seines Facio-Oralen Traktes gelernt, daß er in der Lage war, selbständig an seinen Fähigkeiten zu arbeiten. Er nimmt heute wieder alle Nahrungskonsistenzen zu sich.

Auswirkung der Störung des Facio-Oralen Traktes zum Zeitpunkt der Entlassung

- **vollständige orale Ernährung**
  ausreichende Trinkmenge
  weiche Kost
  trinkbare Flüssignahrung (Nährstoffzufuhr)
  ! PEG entfernt

- **Atmung über Mund / Nase**
  ! Trachealkanüle entfernt

Abb. 10: Zum Abschied trinken Herr P. und die behandelnde Physiotherapeutin Kaffee und essen Kuchen.

3.7 Zusammenfassende Darstellung der Entwicklung

Verweise auf die folgenden Diagramme finden sich bereits in der Beschreibung der einzelnen Behandlungsabschnitte. Der Schwerpunkt der graphischen Darstellung wurde bewußt auf die meßbaren Veränderungen vor Beginn der Nahrungsmengensteigerung gelegt. Das Erbringen von greifbaren Therapieergebnissen ist besonders in dieser anbahnenden Phase der Behandlung erschwert und dennoch unerläßlich.

Zunächst erfolgte mit der Erfassung der „ungeschluckten" Speichelmenge sowie der Entblockungszeiten eine überwiegend quantitative Darstellung.
Die Abbildung des Beginns der therapeutischen Flüssigkeitsgabe enthält auch qualitative Merkmale, die die Effektivität der Schlucksequenz widerspiegelten. Die als sehr bedenklich einzustufenden Aspirationszeichen (Husten...) verschwanden innerhalb eines Monats. Der Patient vermied Aspiration durch Ausspucken. Später kam es teils zum Eindringen von Flüssigkeit in die Nase, welches zunächst kein Aspirationsrisiko darstellt. Probleme konnten lediglich bei nachfolgender Einatmung durch die Nase entstehen. Ebenso abzulesen ist die langsame Mengensteigerung der oralen Flüssigkeitsaufnahme.

3.7.1 Diagramm H. P. 1

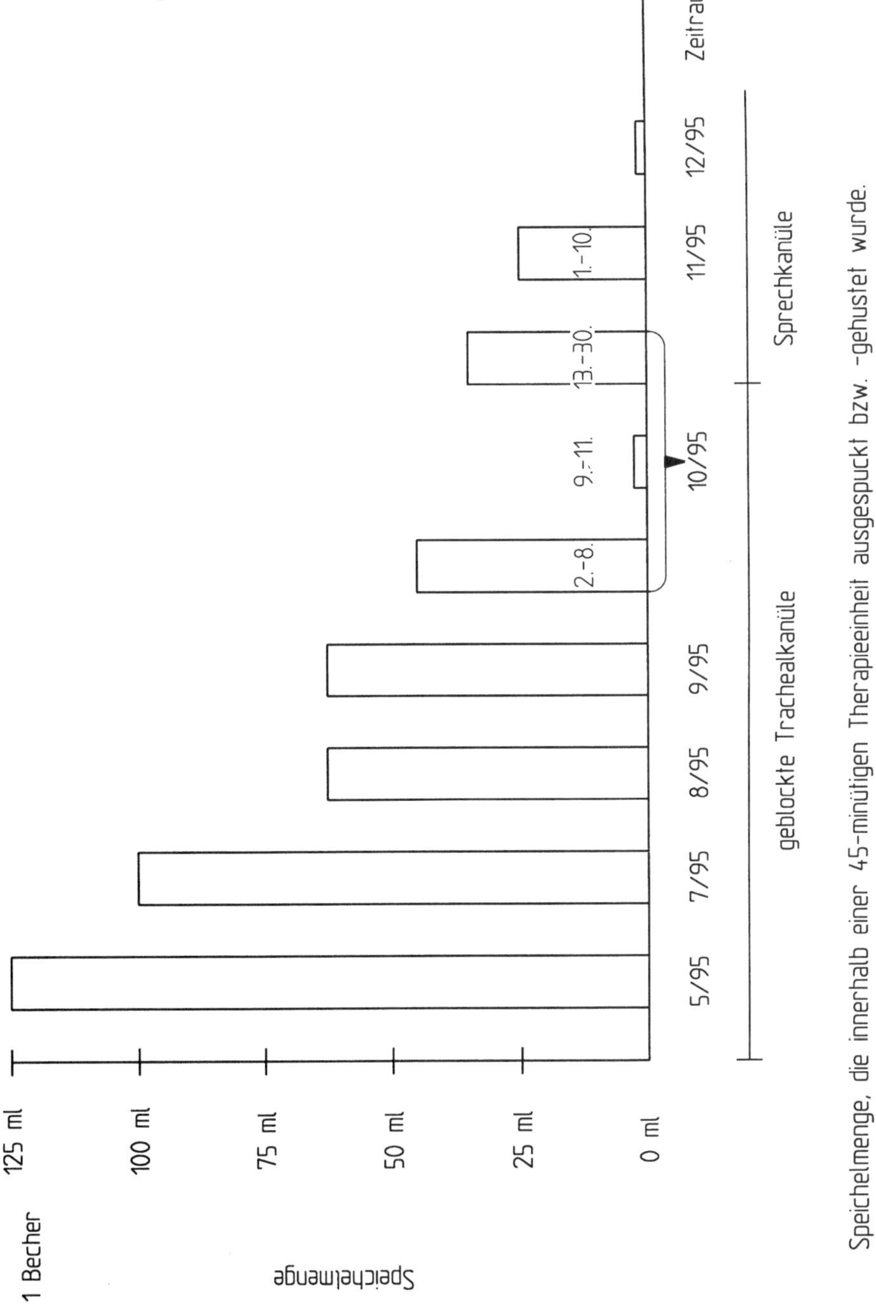

3.7.2 Diagramm H. P. 2

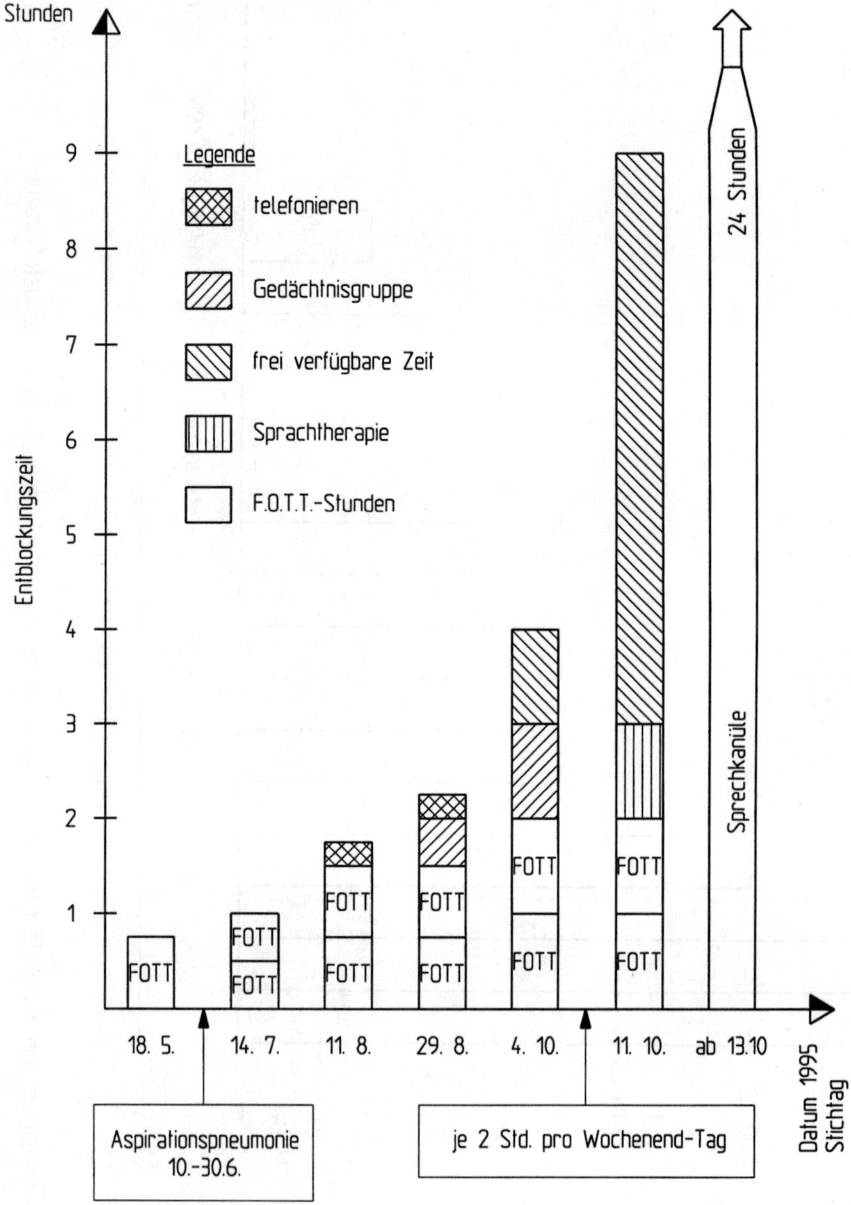

Anbahnung des normalen Atemweges/Entblocken der Trachealkanüle.

3.7.3. Diagramm H. P. 3

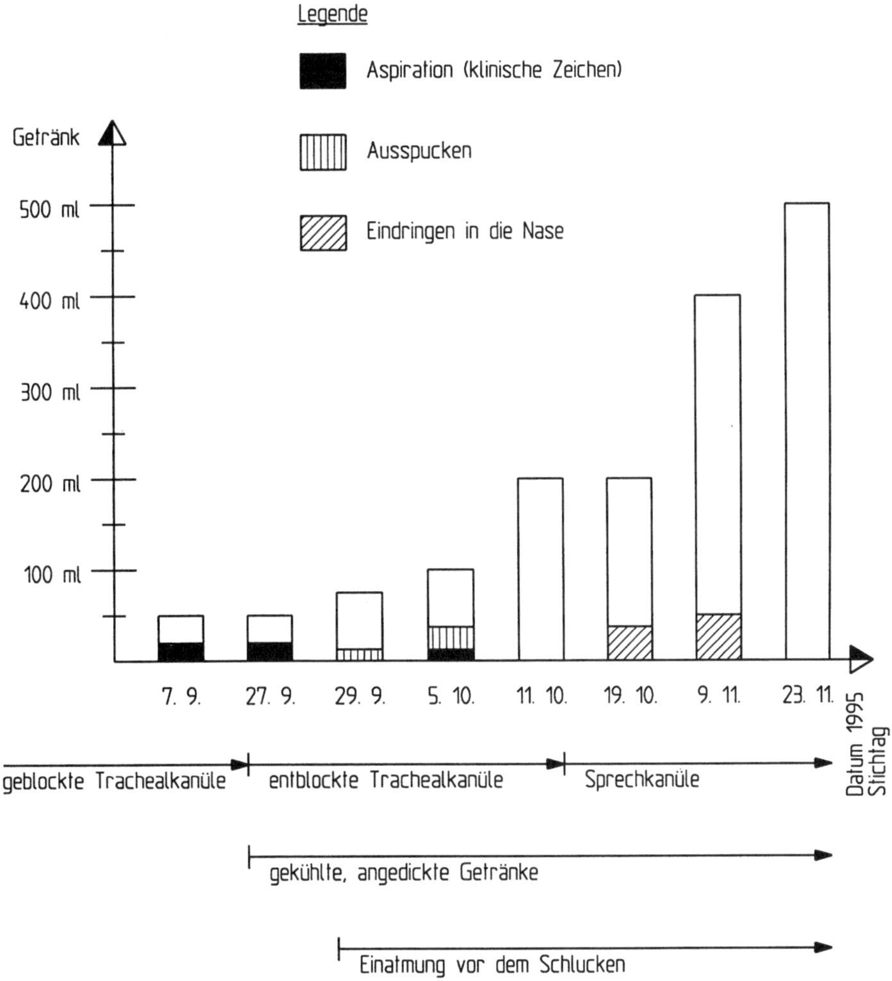

Beginn der therapeutischen Nahrungsaufnahme, hier mit Flüssigkeiten.

4 Zusammenfassende Diskussion

Wie der Vergleich beider Fallstudien zeigt, handelt es sich um zwei Patienten, die sich bezüglich Bewußtseinszustand und aktiver Bewegungsmöglichkeiten sehr unterschiedlich darstellten.
Beide wiesen jedoch eine Beeinträchtigung des Facio-Oralen Traktes auf.
Der Übersicht halber seien an dieser Stelle noch einmal die wesentlichen Unterschiede und Ähnlichkeiten zwischen Herrn A. und Herrn P. zu Beginn der Therapie tabellarisch gegenübergestellt.

Fallbeispiel 1: Herr A.	**Fallbeispiel 2: Herr P.**
komatös, unbewußt	wach, bewußt
Reflexion nicht möglich	Reflexion über die Schluckprobleme möglich
keine Kommunikationsmöglichkeit	non-verbale Kommunikation
starke Spastizität ohne Bewegung	Ataxie, aber aktive Bewegungsmöglichkeiten des ganzen Körpers
Kontrakturen	keine Kontrakturen
Trachealkanüle (geblockt)	Trachealkanüle (geblockt)
gelegentliche Aspiration von Speichel	extreme Aspiration von Speichel
Hyposensibilität im Kehlkopfbereich	Hyposensibilität im Mund, Rachen und Kehlkopfbereich

Bei beiden Patienten lag der Behandlungsschwerpunkt zunächst in der Erarbeitung von Voraussetzungen für den erst viel später erfolgten oralen Nahrungsaufbau. Neben dem Haltungshintergrund als Basis für physiologisches Schlucken stand die schrittweise Entwöhnung von der (geblockten) Trachealkanüle im Vordergrund und damit zusammenhängend das sichere Schlucken des eigenen Speichels. Insbesondere bei Herrn P. gestaltete sich dieser Weg sehr aufwendig und schwierig.

Patienten mit **Trachealkanüle** befinden sich diesbezüglich oft in einem **„Teufelskreis“.** Fehlende oder stark eingeschränkte Sensibilität und damit verbunden auch der eingeschränkte Schutz der Atemwege durch Husten oder Räuspern, stellen einen Hauptgrund für eine geblockte Trachealkanüle dar. Gleichzeitig wirkt eine (geblockte) Trachealkanüle der Entwicklung normaler Sensibilität ungünstig entgegen.
Geschultes und erfahrenes Personal ist erforderlich, um Wege aus diesem „Teufelskreis“ zu bahnen.

Während im Falle von Herrn P. (Fallbeispiel 2) relativ schnell direkt an einer Verbesserung der oro-facialen Sensibilität gearbeitet werden konnte, bedurfte es im Falle von Herrn A. (Fallbeispiel 1) zunächst einer langwierigen Wiederentwicklung von willkürlichen Bewegungsmöglichkeiten und dem Verständnis für alltägliche Geschehnisse. Hier sei noch einmal an den Aufbau von Kopf- und Rumpfkontrolle und den Hand-Mund-Bezug erinnert. Bis zum Ende des Klinikaufenthaltes war die Arbeit um so effektiver, je mehr Alltagsbezug die Anforderungen an Herrn A. hatten.
Ein Heimprogramm, welches Herr P. in Eigenregie nach seiner Entlassung durchführte, wäre für Herrn A. nicht durchführbar gewesen. Inwieweit sich Herr A. seines Zustandes und seiner Gesamtsituation bewußt war, wäre Spekulation, die auch an dieser Stelle unterbleiben soll.

Beide Patienten wurden nach den Prinzipien sensomotorischen Lernens (s. Pkt. 1.1, S. 104) behandelt und haben im Gesamtverlauf erstaunliche Fortschritte gemacht, die uns nicht zuletzt Anlaß zu Gedanken über Kosten-/Nutzenrechnungen in unserem **Gesundheitssystem** des einundzwanzigsten Jahrhunderts geben.

5 Abschließende Gedanken

Sowohl H. P. als auch J. A. blickten auf eine **umfassende stationäre Behandlung** zurück, deren Gesamtdauer sich bei H. P. auf 18 Monate, bei J. A. auf 14 Monate belief.

Wie mehrfach erwähnt, bedingte die Anbahnung Facio-Oraler Grundfähigkeiten ein großes Ausmaß an vorbereitender therapeutischer Arbeit. Bei keinem der beiden Patienten war zu diesem Zeitpunkt absehbar, ob er je wieder essen und trinken können würde. Bei J. A. erfolgte die erste therapeutische Nahrungsgabe nach vier Monaten intensiver Behandlung im Therapiezentrum, weitere drei Monate vergingen, bevor er eine halbe Mahlzeit Breikost zu sich nehmen konnte. H. P. mußte, vorbelastet durch mehrere gravierende Aspirationspneumonien, zunächst das sichere Speichelschlucken wiedererlernen. Dies beanspruchte ebenfalls vier Monate intensiver F.O.T.T. Dann erfolgte, wohlüberlegt und sehr vorsichtig, der Einsatz kleinster Mengen Nahrung nach therapeutischen Gesichtspunkten. Im neunten Monat F.O.T.-Therapie konnte H. P. seinen Flüssigkeitsbedarf oral decken.

Indem beide Patienten das Essen und Trinken wiedererlernten, gewannen sie deutlich an **Lebensqualität** hinzu. Die aufwendige und **sehr kostenintensive stationäre Rehabilitationsbehandlung** war dafür unerläßlich. J. A. erhielt in diesem Rahmen 520 Zeitstunden Ergotherapie, die zur Hälfte Doppelbehandlungen (zwei Therapeutinnen am Patienten) waren. H. P. wurde, wie bereits erwähnt, 344 mal 45 Minuten lang ergotherapeutisch in Einzeltherapie behandelt. Sowohl J. A. als auch H. P. hätten möglicherweise frühzeitiger aus dem stationären Umfeld entlassen werden können, wenn eine **ambulante, spezialisierte Fortführung der Therapie** am Heimatort hätte gewährleistet werden können. Insbesondere im Fall von J. A. wäre das häusliche Umfeld der Behandlung seiner starken Wahrnehmungsproblematik sicher zuträglich gewesen. Der abrupte Abbruch therapeutischer Intervention im Bereich des Facio-Oralen Traktes im Fall H. P. verdeutlicht, daß ambulante Behandlungsmöglichkeiten nur in unzureichendem Maße zur Verfügung standen.

Zu befürchten ist, angesichts der knappen Finanzdecke des Gesundheitswesens, eine gegenteilige Entwicklung. Die Dauer stationärer Aufenthalte nimmt deutlich ab. Diskussionen um weitere Verlängerungen der Rehabilitation des Herrn P. bestimmten zum damaligen Zeitpunkt schon den alltäglichen Kontakt zwischen

Kostenträgern und Ärzten. Heutzutage erscheint eine mehrmonatige stationäre Therapie ohne gravierende und somit offenkundige Veränderung -wie vollständig orale Ernährung oder Dekanülierung- nur noch im Bereich der postakuten Frührehabilitation realisierbar. Aber auch hier nimmt die stationäre Verweildauer ab. Aus finanzieller Sicht ist der Zwang zu sparen nachvollziehbar. Andererseits sind die Kosten, die eine kontinuierliche enterale Ernährung der beiden Fallpatienten, sowie die medizinische Stoma- und Kanülenversorgung mit sich gebracht hätten, nicht zu unterschätzen. Eine vergleichende Berechnung der jeweiligen finanziellen Aufwendungen wäre sicherlich aufschlußreich. Aus menschlicher Sicht erschüttert der Gedanke: „Was wäre geschehen, wenn die Behandlung der vorgestellten Patienten frühzeitig abgebrochen worden wäre?“ Wir sähen J. A. ausschließlich über PEG ernährt; H. P. wäre laryngektomiert, könnte also essen und trinken, aber nie wieder sprechen.
Eine erschreckende Vision, die angesichts leerer Kassen nicht unwahrscheinlich ist.

6 Literaturverzeichnis

Bücher:

1) Bartolome, G. u.a.: Diagnostik und Therapie neurologisch bedingter Schluckstörungen. Gustav Fischer Verlag, Stuttgart, 1993.

2) Bobath, B.: Hemiplegie Erwachsener. Befundaufnahme, Beurteilung und Behandlung. Thieme, Stuttgart, 1985.

3) Coombes, K.: Skript zum FOTT-Grundkurs. 1986, nicht veröffentlicht.

4) Coombes, K.: Von der Ernährungssonde zum Essen am Tisch - Aspekte der Problematik, Richtlinien für die Behandlung. In: Lipp, B. / Schlaegel, W.: Wege von Anfang an. Frührehabilitation schwerst hirngeschädigter Patienten. Neckar-Verlag, Villingen-Schwenningen, 1996.

5) Davies, P. M.: Hemiplegie. Springer-Verlag, Berlin, 1986.

6) Davies, P. M.: Wieder Aufstehen. Frühbehandlung und Rehabilitation für Patienten mit schweren Hirnschädigungen. Springer-Verlag, Berlin, 1995.

7) Groher, M. E.: Dysphagia. Diagnosis and Management. Butterworth-Heinemann, Boston, 1992.

8) Logemann, J.: ‚Evaluation and Treatment of Swallowing Disorders. Pro-ed, Austin, Texas, 1983.

9) Schalch, F.: Schluckstörungen und Gesichtslähmung. Therapeutische Hilfen. Gustav Fischer Verlag, Stuttgart, 1992.

Zeitschriften-Artikel:

1) FORUM LOGOPÄDIE 3/1994 (Schwerpunkt-Heft Dysphagie).

2) Lipp / Schlaegel: Das Tracheostoma in der neurologischen Frührehabilitation. In: FORUM LOGOPÄDIE 2/1997, S. 8-11.
Nusser-Müller-Busch: Therapieansätze bei Störungen der Nahrungsaufnahme - eine Standortbestimmung. In: FORUM LOGOPÄDIE 2/1997, S. 5-7.
Nusser-Müller-Busch: Therapie des Facio-Oralen Traktes (FOTT) zur Behandlung facio-oraler Störungen und Störungen der Nahrungsaufnahme. In: FORUM LOGOPÄDIE 2/1997, S. 12-15.

3) Meier-Baumgartner: Das Bobath-Konzept. In: Zeitschrift für Gerontologie 1987.

4) Woite: Therapie des Facio-Oralen Traktes nach Coombes. In: Praxis Ergotherapie 10/1997.

Danksagung

Die vorliegende Arbeit wäre ohne die Mithilfe und Begleitung vieler Kolleginnen und Kollegen, von Freunden und Bekannten nicht zustande gekommen. Allen, die uns unterstützt haben, möchten wir an dieser Stelle unseren herzlichen Dank aussprechen, auch jenen, die nicht namentlich genannt werden.

Auf dem beruflichen Weg eine Lehrerin/einen Lehrer zu finden, ist der Wunsch vieler KollegInnen.
Anfang der neunziger Jahre lernten wir Kay Coombes kennen und ihr Therapiekonzept zur Behandlung neurogener Störungen des Facio-Oralen Traktes. Aus der Teilnahme an einem ihrer Grundkurse sollte sich im Laufe der Zeit eine intensive Instruktoren-Ausbildung und wertvolle Freundschaft entwickeln. Wir hatten das unschätzbare Glück in Kay Coombes eine charismatische Lehrerin zu finden. Sie verbindet in sich höchste fachliche Qualifikation, eine tiefe Liebe zum Menschen und großes Einfühlungsvermögen. In keiner Weise dogmatisch erlaubt die Art der Weitergabe ihres immensen Wissens- und Erfahrungsschatzes die Integration anderer Behandlungsansätze in ihr in sich schlüssiges Konzept. Ein Therapiekonzept dem eine ausgesprochen lebensfreundliche Philosophie zugrunde liegt.
So ist die vorliegende Arbeit auch als ein Ergebnis unserer Ausbildung bei Kay Coombes zu sehen, der unser ganz besonderer Dank für ihre wunderbare fachliche und menschliche Führung gilt.

Im Mittelpunkt unserer exemplarischen Arbeit stehen zwei Menschen, deren schweres Schicksal sie zu Patienten mit gravierendem Verlust an Lebensqualität nach einer Hirnschädigung machte. Die Behandlung von Herrn A. und Herrn P. stellte eine große Herausforderung für uns dar. An deren Anfang konnte niemand auch nur annähernd Gewißheit über die erreichbaren Fernziele haben. Der positive Behandlungsverlauf bestärkte uns darin, daß die Realisierung eines fundierten Therapiekonzeptes in einem interdisziplinären Team zu großen und oft unerwarteten Fortschritten führen kann.
Herr P. hat mit Kraft und Energie einen beschwerlichen und langen Weg mit nicht versiegendem Optimismus beschritten. Beachtlich war sein Durchhaltevermögen auch in Phasen mit sehr langsamen Fortschritten. Es war eine Freude und Bereicherung mit ihm zu arbeiten. Danke für die damit verbundene Lernerfahrung und das Vertrauen! Danke auch an Frau P. für ihre unermüdliche Unterstützung, der große Achtung gebührt. Ihre lebensbejahenden Urlaubspostkarten und Anrufe sind eine besondere Freude!

Herr A., den sein Unfall vollkommen aus allen Lebensbezügen herausgerissen hatte, hat zu einem Leben in seiner Familie zurückgefunden. Sein ausgesprochen liebenswürdiges Wesen und seine Bereitschaft nach einem anstrengenden Therapietag weiter mit uns zu arbeiten, hat uns besonders berührt. Nach monatelangem Arbeiten waren die ersten zielgerichteten Bewegungen und die ersten verbalen Kommunikationsversuche wie ein Tor zu kontinuierlichen Fortschritten. Aus der Zusammenarbeit mit ihm sind unzählige Erfahrungen und Erkenntnisse erwachsen, die zukünftig auch anderen Patienten zugute kommen werden. Danke für die ganz besondere Lernerfahrung! Ein Dank auch seinen Eltern, insbesondere an seine Mutter, die sich mit fast schon übermenschlichem Engagement für ihren Sohn einsetzten. Ihre Übernahme therapeutischer Ansätze und ihre Anwesenheit bildeten einen wesentlichen Teil der Rehabilitation. Der Weg für die ganze Familie ist nach wie vor weit. Ihnen allen viel Kraft, Geduld und vor allem gegenseitigen Rückhalt bei der Strecke, die vor ihnen liegt.

Neurologische Rehabilitation kann nur in teamorientierter, interdisziplinärer Zusammenarbeit realisiert werden. An dieser Stelle möchten wir allen TeamkollegInnen danken. Ohne deren tägliche engagierte Arbeit mit beiden Patienten wären Behandlungsverläufe wie diese nicht zu erwarten gewesen.
Das Therapiezentrum (TZ) Burgau findet hier besondere Bemerkung, weil es seit Eröffnung im Jahre 1989 die Weiterentwicklung des F.O.T.T.-Konzeptes und der Mitarbeiter, die damit arbeiteten, unterstützt und gefördert hat. In erster Linie Karen Nielsen, Reinhard Ott-Schindele, Annette Schneider und Guido Zieher ist es zu verdanken, daß im TZ Burgau qualifizierte Therapie in erster Linie praktisch Anwendung findet.

Chefarzt Dr. Pause aus der neurologischen Rehaklinik in Kreischa, Sachsen gebührt große Anerkennung für sein praktisch und theoretisch fundiertes Verständnis therapeutischer Arbeit. Mit Rat und Tat präsent, ist ihm ganz wesentlich die Intensität patientenbezogener Therapie in Kreischa zu verdanken. Danke auch für seine persönliche Unterstützung! Die Arbeit mit Herrn P. wäre ohne die fachkundigen Aussagen des HNO-Spezialisten Herrn Professor Heidelbach kaum möglich gewesen. Diese Publikation ist ein Anlaß seiner dankend zu gedenken.

Das Bildmaterial zu beiden Fallstudien ist mit Hilfe vieler KollegInnen entstanden. Den KollegInnen aus Kreischa ein herzliches Dankeschön für ihren Einsatz! Die meisten Fotos zur ersten Fallstudie stellten eine besondere Herausforderung für die Videoabteilung des TZ Burgau dar. Sie wurden aus zahlreichen Videoaufnahmen geprintet. Herzlicher Dank gehört der gesamten Videoabteilung, zuvorderst Rainer

Högel und Bernd Milkereit. Sie haben viele Stunden Arbeit investiert und ermöglicht, die praktische Arbeit mit Herrn A. anschaulich darzustellen.

Keine schriftliche Arbeit entsteht ohne mühevolle Nacharbeit! Mitgeholfen hat hier die S.I.G. (Special Interest Group) um Kay Coombes. Hervorheben möchten wir die konstruktiven Anregungen, Anmerkungen und Korrekturvorschläge von Heike Sticher. Sie ist - neben Kay Coombes - das Herz der Gruppe. Ihr enormer Einsatz, ihr großes Können und ihr tiefgründiger Humor sind einfach wunderbar. Danke für die ganz besondere Freundschaft! Auch danken wir Ricki Nusser-Müller-Busch für die intensive Durchsicht des Manuskripts und ihre inhaltlichen und formalen Hilfestellungen.

Ein großes Dankeschön an: Helene und Günter Müller für ihre Nähe und partnerschaftliche Hilfe; Giselher Woite für sein Dasein; Juliane Hölzl für das „Auf-den-Weg-bringen" dieser Publikation; Beate Kubny-Lüke für ihr sehr hilfreiches und anregendes Lektorat; Gudrun Bloßfeld für ihre fachlich-menschliche Begleitung; Erhard, Annelies und Katrin Gratz für ihre formalen Korrekturen und ihren persönlichen Rückhalt; Traute Schmid für die kritische Durchsicht der Zusammenfassung des Bobath-Konzeptes und Karin Müller-Strehlau für ihre persönliche Ermutigung.

Doris Woite *Claudia Gratz*